SALUT FOR BOURNONVILLE

Carl Bloch: August Bournonville. 1876. Det kgl. Teater

SALUT

FOR

BOURNONVILLE

i 100-året for hans død

Redigeret af

EBBE MØRK

Udstillingen på

STATENS MUSEUM FOR KUNST

November 1979–Januar 1980

Omslag: Lucile Grahn i Sylfiden

I de hundrede år, der er gået, siden August Bournonville døde, har han og hans balletter opnået en berømmelse, der langt overgår, hvad han og hans samtid havde mod og fantasi til at forestille sig.

Bournonvilles balletter blev til i de år, da H. C. Andersen skrev sine eventyr og romaner. Det var en guldalder i dansk kultur og åndsliv, og her forenedes eventyrdigteren og balletmesteren i et frugtbart og livslangt venskab. Mens Andersens eventyr på en gang blev dansk folkeeje og verdenslitteratur, forblev Bournonvilles balletter i mange år en kunst for det danske publikum. Man elskede og bevarede balletterne – de blev nationalklenodier i kraft af deres stil, der udtrykker et digterisk indhold af klassisk værdi, og i midten af vort århundrede opdagede verden Bournonville-repertoirets store originalitet og evige aktualitet. Med den udstilling ønsker vi at fortælle om Bournonvilles personlighed, hans samtid og hans livsværk, balletterne, sådan som de opstod, overlevede og bragtes til en ny blomstring i vor tid, ikke blot herhjemme, men over hele verden.

Den franske træning, som var Bournonvilles baggrund, bragte han hjem til Danmark, ikke for at kopiere den, men for at skabe sin egen stil på dens begreber. Utallige faktorer hører med i forklaringen på, at Bournonvilles stil blev en udfordring til ballettens dansere dengang som i dag, men først og sidst Bournonvilles geni. Han er blandt vore største guldalderkunstnere. H. C. Andersen har fået følgeskab af August Bournonville ude i verden.

Udstillingen er blevet til på initiativ af Ministeriet for Kulturelle Anliggender, og ved hjælp af midler fra Tipsfonden. Men uden stor velvilje og hjælp fra institutioner og private, havde man ikke kunnet give et så bredt og alsidigt billede. Vi ønsker ikke mindst at takke Det kgl. Teater, Det kgl. Bibliotek, Nationalgalleriet i Oslo, Thorvaldsens Museum og Teatermuseet for bistand og velvilje.

Uvurderlig for belysningen af mennesket og kunstneren August Bournonville har det været, at hans slægtninge med så stor veneration har hæget om deres forfaders minde. De har bevaret en arv, som med stor velvilje er stillet til rådighed for denne udstilling.

Komiteen.

Arbejdskomité

Niels Bjørn Larsen
Erik Kjersgaard
Ebbe Mørk
Hanne Westergaard

Udstillingssekretær Birgitte Werdelin
Scenograf Hans Christian Molbech
Blomsterdekorationer Erik Bering
Kostumekonsulent Viben Bech
Teatermaler Walther Rasmussen
Engelsk oversættelse Ebbe Kjerstrup
Tegner Elisabeth Halgreen

*Følgende museer og institutioner har udlånt
kunstværker og effekter til udstillingen*

Danmarks Radio
Den Hirchsprungske Samling
Det kgl. Bibliotek
Det kgl. Teater
Kunstakademiets Bibliotek
Københavns Bymuseum
Musikhistoriska Museet, Stockholm
Nasjonalgaleriet, Oslo
Det Nationalhistoriske Museum paa Frederiksborg
Ny Carlsberg Glyptoteket
Teatermuseet
Thorvaldsens Museum
Tøjhusmuseet

samt

Collection Harald Lander, Paris, og private samlere
Udstillingen er muliggjort gennem tilskud fra Ministeriet for
kulturelle anliggender

The century which has passed since the death of August Bournonville has brought about a fame for him and his ballets which far exceeds what he and his contemporaries dared imagine.

Bournonville's ballets were created at the time when Hans Christian Andersen wrote his fairy-tales and novels. It was a golden age for Danish arts and culture – a time which united the poet and the ballet-master in life-long friendship. But Andersen's fairy-tales became common knowledge and world literature, Bournonville's ballets remained for many years an art exclusively for Danish audiences. His ballets were treasured and preserved – they became national gems by virtue of the way their content and style expressed a poetry of classical rank. About 1950 the world discovered the great originality and durable topicallyty of the Bournonville repertoire. This exhibition is our attempt to depict Bournonville's personality, his time and work, his ballets as they came to life, survived and were brought to a fresh flourishing in our time, not merely in Denmark but throughout the world.

Bournonville brought with him to Denmark the French training-system which provided his own background – not to imitate it, but to found upon its concepts his own style. Innumerable factors combine to explain why Bournonville's style became such a challenge to dancers then as now – but Bournonville's genius is the paramount one. He ranks with the foremost artists of the Danish Golden Age. Bournonville has joined Andersen in his world-wide fame.

The initiative for this exhibition was taken by the Ministry of Culture, and funded by the Football Pools. Without the benificence and participation of institutions and individuals alike the picture we are presenting could, however, never have been comprehensive or faceted enough. We gratefully acknowledge all kind assistance.

In our endeavours to shed light on Bournonville, the man and the artist, we were aided invaluably by the faithful way his close relatives have cherished the memory of their ancestor. They have preserved a precious inheritance and very generously lent it for this exhibition.

The Committee.

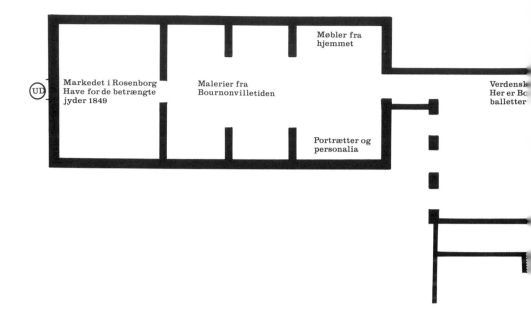

Forklaring på plan

Udstillingen begynder i kælderplanet. Den første sal viser gamle kostumer samt især ældre scenebilleder. På en væg er et udvalg af samtidige anmeldelser og avisomtaler. I den følgende sal er en scene, hvor der danses to gange om ugen og mange gange dagligt vises et lysbilledshow over Bournonvilles liv og balletter. Prosceniet er en kopi af Det kongelige Teaters. Ad vindeltrappen går man derfra til balkonen, hvor der vises scenografi: modeller og udkast til bagtæpper og kostumer. En tavle giver en kronologisk oversigt over alle Bournonvilles balletter. En anden tavle viser, hvordan han noterede sine balletter med en koreografisk kode. Desuden er der billeder og andet materiale, der belyser traditionen for hans værker. Man går herfra tværs over forhallen, på hvis bagvæg et stort verdenskort viser, hvor der er blevet

8

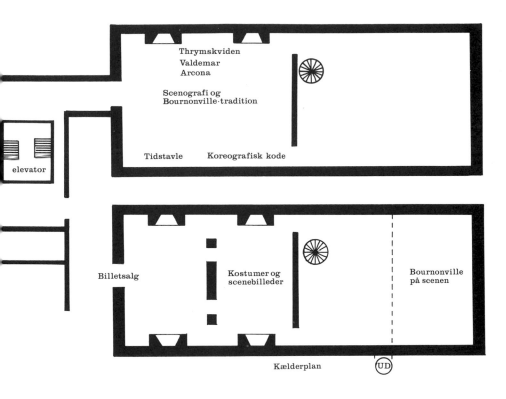

Thrymskviden
Valdemar
Arcona

Scenografi og
Bournonville·tradition

Tidstavle   Koreografisk kode

elevator

Billetsalg   Kostumer og
scenebilleder

Bournonville
på scenen

Kælderplan   UD

opført Bournonvilleballetter. Herfra ind i en sal, hvor man lærer hans samtidige og hans familie og hjem at kende. I denne sal er også malerier, der især knytter sig til hans oplevelse af Italien og Norge. August Bournonville var en socialt engageret mand, der altid gav sine velgørende arrangementer et festligt præg. Udstillingen slutter med et indtryk af det marked, han under krigen i 1849 var med til at organisere i Rosenborg Have til støtte for det betrængte Jylland.

Verdens ældste balletfilm vises udenfor udstillingsområdet, i museets foredragssal.

NB. Ved at gå fra den ene del af udstillingen til den anden er det nødvendigt at billetten kontrolleres. PAS DERFOR GODT PÅ DERES BILLET.

9

Bournonvilles verden

af

Svend Kragh-Jacobsen

For hundrede år siden døde August Bournonville i den forvisning, at hans livslange indsats i ballettens verden snart ville udslettes. Han regnede ikke med, at hans værker ville overleve ham længe. Han håbede dog på, at det, han havde udrettet for sin kunstart og dens udøvere, havde bærekraft ud over hans egen tid. Det må jo huskes, at han voksede op i en tid, hvor balletten i bedste fald var øjenlyst og tidsfordriv. Hvor danserinde var synonym med glædespige, og danserne ret hurtigt degraderedes til blot at skulle løfte de smukke damer. Sådan var det ikke i generationerne før ham. I ballettens første sekler var mændene kunstartens guder. Først med romantikken – hvis officielle indledning er „Sylfiden"s premiere 1832 – overtog danserinderne ikke blot toppositionen, men så at sige drev mændene ud af kunstarten. Ved sidste århundredskifte var en danser nærmest en „springtullemand". Kun to steder i verden havde han i nogen grad beholdt sin position. I det gamle Rusland med dets stærke tradition for mandsdans. Og i Danmark, hvor Bournonville gennem et halvt århundrede havde kæmpet som en løve for sin kunstart, for sine kunstnere, og for mandsdansen.

Gennem generationer blev balletten nu oftest blot garniture i de store operateatre. Hvor den takket være geniale ledere – som Petipa i St. Petersborg og Bournonville i København – så nogenlunde holdt positionen, var der end kun få, omend udsøgte, kulturpersonligheder, der tog dansen højtidelig som kunstart og betragtede dansere som andet end letfodede artister. Bournonville vendte i slutningen af 1820'erne hjem til København efter sine uddannelsesår i Paris og første sæson som solist i London med det bestemte mål at skabe respekt for sin kunst i Frederik VIs lille kongerige Danmark. København havde knap 120.000 indbyggere, da han 1829 skrev kontrakt med teatret på Kongens Nytorv, og det med Majestætens personlige medvirken. Det var jo hans teater. Let blev kampen ikke altid for den hedblodede kunstner, men han holdt ud og gav aldrig op. Tværtimod til det sidste stod han forrest i kampen for den kunst, han ikke blot

11

viede sit liv, men anså for ligeberettiget med teatrets andre kunstarter, ja mere end det. Med hans fars udtryk var dansen for Bournonvillerne „la plus glorieuse carrière du monde".

August Bournonville samlede i sin person alle en dansers kvaliteter. Som ung – op til sit 43de år, hvor han af egen vilje dansede af på scenen 1848 – var han sit teaters ypperste balletkunstner. Fremragende tekniker, ypperlig mime og med den udstråling, som giver den afgørende virkning. Vel tilhørte han af danseart ikke sin kunst fornemste klasse – sérieux-dansen – men var en demi-caractère-danser, hvad man kan se af den række hovedpartier, han skabte til sig selv fra „Soldat og Bonde", hvor han allerede 1829 viste en af sine specialiteter „den mimiske monolog", til han i foråret 1848 som sine sidste roller udførte Alfonzo i „Toreadoren" den 21de marts og ti dage efter sluttede som danser med titelpartiet i „Valdemar". Begge roller, hvori han forenede sin dansemæssige virtuositet med sit sjældne mimiske talent. Samtidig spænder karaktererne fra kongeligt dansk væsen til fyrigt spansk temperament.

Danserne er ofte begrænset af deres fag, som kræver en så intens fysisk koncentration, at der kun for de færreste bliver tid til at vie sig andre former for kunst, endmindre litteratur. Naturligvis lever de livet, men selve livsførelsen er i de aktive år, som hos dem starter i barndommen, helt optaget af metier'en. Kun de sjældne få har kræfter til også at orientere sig i andet end, hvad der direkte trænger sig på i deres dagligliv eller indenfor karrieren.

Men Bournonville er af de få, der i levende live følte sig som verdensborger, uden at han derfor på noget punkt kunne tænke sig at svigte den danskhed, han bestandig bekendte sig til – i tale som skrift. Og han er selv målt med international alen en af de flittigste skribenter blandt Terpsichores børn. Fortjent er det derfor, at han nu hundred år efter sin død har opnået det verdensry, han som ung drømte om, men ved sin død forlængst havde opgivet håbet om at vinde. Tværtimod mente han, at selv i fødelandet ville hans værker snart blegne bort og forsvinde endog af den danske scene. I dag danses de verden over, og han selv celebreres samtidig med denne mindeudstilling med en lille halv snes af sine værker på den scene, han selv var med til at forme 1874.

Allerede af blod er Bournonville verdensborger. Faderen Antoine fødtes 1760 i Lyon og syntes rent fransk, men prøvede under opvæk-

N. Christensen: Barneportræt af August Bournonville. Det kgl. Teater

sten livet i Østrig, Frankrig og England, inden han 1782 kaldtes til Stockholm, hvorfra han et tiår senere kom til København. Her ansattes han 1794 og tog afsked som ballettens leder i København 1823 for endnu at leve tyve år i Danmark til sin død 1843 i Fredensborg. Med sin svenske husbestyrerinde Lovisa Sundberg fik han 1805 sønnen August. De giftede sig dog først i 1816, da drengen var elleve, for der krævedes legitime forhold af Antoine, da han udnævntes til chef for Det kongelige Teaters ballet. Der er således ikke én dråbe dansk blod i August Bournonvilles årer. Alligevel fik han tidligt smag for dansk kunst – også udenfor teatret – og efter sin hjemkomst fra ungdomsårene i Paris følte han i stadig stærkere grad sin samhørighed med tidens førende danske åndspersonligheder, hvor Adam Oehlenschläger som digter blev hans forbillede, Bertel Thorvaldsens klassiske plastik hans ideal og H. C. Andersen hans ven og åndsfælle, hvad fantasi angår. Med den fyrighed, der var ham medfødt, deltog han i dansk dagligliv. Gjorde sig gældende også udenfor teatret, hvor han flittigt brugte pennen om andet end teater. Blandt meget for de slesvigske kriges invalider arbejdede han og gav sine bidrag til den løbende diskussion i dagspressen. Samtidig dyrkede han privat både musik og malerkunst.

Men for Bournonville var der tillige en verden udenfor Danmark. Han holdt forbindelserne ved lige med sine ungdomskammerater, ikke mindst med Jules Perrot i Paris. Han besøgte bestandig i sine ferier de store byer, hvor kunsten blomstrede. Uden derfor at forbigå vore nabolande, som ikke gav ham mindre glæde og inspiration. Han tog indtryk af Norges unge kunst, og han blev ven med svenske personligheder, som han forblev i brevveksling med til sin – eller deres – død. I sine danseår optrådte han udenlands – helt til Napoli's „San Carlo", hvor han opholdt sig under sin tvungne ferie i 1841 og fandt inspiration til sit populæreste værk balletten „Napoli".

Kærest var ham nok faderens fødeland, Frankrig. Fransk var hans andet sprog, som han stadig brugte i breve til faderen. Paris rummede minderne fra de ungdomsår i Paris, han trods åbenhjertighed om ballet- og teaterforhold, ikke fortalte alt om til dem derhjemme. Her oplevede han sine tidlige forelskelser og vandt sine første laurbær, og vennerne fra Parisertiden stod han i forbindelse med til deres sidste stund og bevarede i taknemligt hjerte, hvad vi kan læse også af hans store erindringsbog. Men var dansk hans eget, og fransk hans faders

14

Per Krafft d. æ.: Antoine Bournonville. Privateje

sprog, så var han også sikker i den svenske tunge. Sverige var for ham
først moderens land, dernæst hustruens, Helena Frederikke Håkans-
son, som han ægtede 1830, og som overlevede ham tyve år. Som ung
dansede han med succes i flere skandinaviske byer, da han med unge
dansere fra Det kongelige Teater besøgte såvel Sverige som Norge i
sine aktive danseår. Solidere forbindelse med tidens svenske åndsliv
knyttede han 1857 og 1858, da han som gæstekoreograf satte en række
af sine balletter op på Operaen, hvor hans elev Sigurd Lund var ble-

15

August Bournonville

vet balletmester 1856. Sin fasteste forbindelse med Sverige opnåede han, da han fra 1861 og gennem tre sæsoner var Operaens intendant i Stockholm. Svenske teaterhistorikere har forlængst bevidnet, at hans indflydelse her var stor – såvel som operaiscenesætter som for selve spillestilen i de dramatiske forestillinger, han forestod. Ikke mindst hans kendskab til den „realisme“, som allerede fra århundredets

Augusta Bournonville

midte kunne spores i fransk teater, blev til gavn for hans indsats i Sverige og bidrog til at føre svensk teater a-jour med europæisk spillestil.

International var August Bournonville i sin teaterkunnen, var han end i hjertet dansk. Og sin bestandige versatilitet beviste han, da han efter rejse til München 1869 satte Wagners „Lohrengrin" op i København 1870. Nogle år efter hædredes han med det Anckerske legat, som han i 1874 brugte til to større rejser. Først det Italien, han så ofte havde sat på scenen i sine balletter og bestandig havde fundet inspiration i. Men – hvad der var imponerende af den næsten 70-årige balletmester – han ville se om det ry, balletten i St. Petersborg havde opnået under Marius Petipa, stod til troende. De havde lært hinanden at kende i Paris. Siden 1862 havde Petipa nu været chef for balletten på det kejserlige Maryinski-Teater. For ikke at stå umælende derovre, tog Bournonville timer i russisk og skriver, at han så nogenlunde kunne klare sig, da han modtoges med åbne arme af Petipa. Helt efter Bournonvilles smag var Maryinski-repertoiret dog ikke. Han fandt det overdådigt, hvad udstyr angik, men savnede ånd i værkerne. Natur og logik i balletternes handlingsformning. Et punkt, som næste reformator i den internationale balletkunst, Fokin, gav ham ret i, da Fokin efter århundredskiftet gjorde op med Maryinski-repertoiret og gav balletten ny ånd. Hos Diaghilev bidrog han til dens verdenssucces i vort århundrede.

August Bournonville kom 1805 til verden på fødselsstiftelsen i Amaliegade i det gamle København. Han virkede på Danmarks Nationalscene gennem et halvt århundrede og fik forinden sin tidligste uddannelse dér. Han tragtede i sin ungdom efter internationalt ry, men vendte tilbage til fødelandet, da han mente, at han bedst hjemme kunne nå sit mål: at skabe respekt for den kunstart, hans geni var bestemt for. København blev erstatning for verdensryet i levende live selvom det ikke altid var roser, den gamle mester høstede fra sit fødelands kritikere. Men han blev, og han nåede mange sejre i sit liv som vor nationale koreograf, omend på Vestris' franske grundlag og med et internationalt farvet repertoire. Hans største triumf er dog, at den verden, som i hjertet og fantasien var hans, og hvori hans balletter udspilles, nu hundred år efter hans død 1879, erkender ham som en af kunstartens store. Bournonvilles verden er i dag hele den kunstverden, hvor klassisk ballet dyrkes. Hvor den studeres i alvor og forlængst har vundet ligeret med scenens andre kunster, som dansen i stadig stigende grad integreres i. Bournonville kan i sin himmel glæde sig over at se sin verden i bestandig vækst, ganske som hans eget ry.

Bournonville og det romantiske kald

af

Niels Birger Wamberg

August Bournonville skrev engang denne næsten H. C. Andersenske sætning: „Jeg ønsker at erindres." Men må han ikke have lov at løfte løvehovedet og pege på sit værd? Op gennem livet bekymrede og plagede det ham, at balletkunstens væsen så ud til at være identisk med selve flygtighedens, og skønt han gavmildt bekendte sin stolthed over, at malerne og digterne kaldte ham deres broder, så havde han midt i sin kampiver og sin kropsvarme begejstring en fornemmelse af, at den fattigste og sidste af dem ville kunne efterlade mere, end han selv var i stand til. Det kom nu ikke til at holde stik. Mester Bournonville havde forstået at hente substans ud af det flygtige, at lade sine kompositioner beholde deres tyngde, samtidig med at hans ånd holdt dem svævende i luften. Den temperamentsfyldte skønhedsdyrker, der besluttede at dreje om på hælen, hver gang et modelune anmassede sig hans udfoldelse og truede smagen eller befordrede et publikums uselvstændighed, foretog springet ind i udødeligheden på tværs af de nye tider og tilstande, men da han hverken lagde evner for dagen i retning af strategi eller intrige, ville det nok have forbavset ham, at et flertal af hans ærgerrighedsdrømme blev indfriede: „Thi menneskets lykke her på jorden har altid et savn og en længsel; døden i berømmelsens favn er det højeste og bedste, helten og kunstneren kan opnå."

Bournonville var på én gang en helt og en kunstner. Det kujonagtige lå ikke for ham, hans instinkter var frontale, og den kunstneriske vilje og forfængelighedsfølelse havde fra barndommen gjort sig til herre over hans nerver. Kunsten som kunststykke fik hans foragt til at rejse sig. Han knurrede mod virtuoserne, der vanhelligede balletten ved at piruettere til ære for de måbende. Han ønskede ikke at forbavse, men at forene det naturlige med det skønne. Han var på sin egen uskylds vilkår et fuldstændig uskabet menneske. Men kom man ham på tværs, kunne han skabe sig. Alt i alt var han en forudseende teaterpolitiker, som sloges for rimelige pensionsordninger og personalets medbestemmelsesret (hvis han selv fik det sidste ord) og oprettel-

19

sen af en elevskole, og som i sin kunst beskyttede sig mod alle de moderne, værdiomvæltende tilbøjeligheder.

Tidligt styrede han sin stædighed og sin bevidsthed om pligtens og åndens kald ind på at hævde balletten, dvs. *den udtryksfulde dansekunst*, en berettiget plads inden for Det Skønnes område. Tilmed drejede det sig for denne ærekære patriot – med en fransk far og en svensk mor – om intet mindre end hans rang og stand som borger i sit fødeland. Han havde ikke i sinde at skamme sig over sin metier.

Bournonvilles kærlighed rettedes mod mytologien, allegorien og det heroiske. Han var en idealist, der overalt kæmpede for det ideale i sin kunst, og han var en kunstner, der gjorde det til sit program at holde en sømmelig afstand til det sanselige. Lidenskaberne skulle forædles eller i hvert fald forvandles til en slags skønhedens apoteose i den entusiastiske enevoldsherskers regi, hvilket i sandhed er en heroisk betragtningsmåde. Han gjorde skrabud for sine husgudinder, gratierne, som i Bournonvilles katekismus var „kaldede til at polere og formidle vore sæder." Han forsvarede med tapperhed og indsigt sin kunstart mod en omverdens ekstravagancer, og omverdenen, især den galliske, som endda havde opdraget ham, yndede jo at ekstravagere med en hældning mod det ukyske, romantismens hemmelighedskræmmeri, der ikke desto mindre fungerede smidigt netop gennem sine blotlæggelser.

I 1850'erne gjorde han Det kongelige Teaters chef, Johan Ludvig Heiberg, opmærksom på, at den danske ballets særpræg ikke først og fremmest skulle søges i dens behandling af nordiske emner, men snarere i personalets og i de enkelte kunstpræstationers mangel på slibrighed. Skønt de to æsteter ellers havde nok at gøre med at rage uklar med hinanden, tog hofballetmesterens væmmelse ved det lascive sig næsten ud som en indrømmelse til etatsråden, der ligesom Helmer i *Et Dukkehjem* (1879, Bournonvilles dødsår) forfærdedes indtil det vripne, når han kom for skade at strejfe det hæsliges eksistens. Men Bournonville var ham alligevel for ekstravagant, eller usymmetrisk, om man vil. Han havde ikke held til at få ham placeret i sit system.

Da Bournonville i december 1871, sent i karrieren, indlemmede vennen H. C. Andersens eventyr *Den standhaftige Tinsoldat* i ballettens billedbog, var hans forædlingsbestræbelser så standhaftige som nogensinde. Frivolitetens publikum skulle nødig gå hen og indbilde

Jenny Lind

sig, at ynde og lethed var det samme som letfærdig øjenlyst. Men „selv Andersens lille papirsdukke med det opløftede ben er ikke fri for denne frivole antydning, og det blev en samvittighedssag for mig at give hans standhaftige tinsoldat en værdigere genstand for sin kærlighed."

Bournonville tilvejebragte som balletkunstner en romantisk, en guddommelig harmoni ud af et til dels dæmonisk kaos, idet han efter evne holdt sig fri af „romantikkens udskejelser", som i hans øjne altid havde det dæmoniske som mål. Han betragtede Mefistofeles som det personificerede hovmod hos Faust, der til sit eget fordærv foretrak det sanseligt sikre frem for det åndeligt uvisse. Og sådan fremstillede han stræberen Faust i sin ballet fra 1832, det værk, der har „skaffet mig mit navn som balletdigter og givet den danske ballet dens egentlige konsistens". Bournonville indlod sig ikke på at falbyde sin sjæl til de onde magter. *Ej blot til Lyst* var ikke kun Det kongelige Teaters, men også den højt stræbende August Bournonvilles valgsprog og opdragelsesmiddel.

Hans fantasiskabte verden var en apologi for det sande, det skønne og det gode, den romantikkens treklang, som drilledjævelen H. C. Andersen i det nihilistiske eventyr om *Skyggen* lavede om til en disharmoni, der viste sig at være dødbringende. Men Bournonville havde som teaterarbejder og som polemiker et behov for at stive sig af med et kvantum praktisk idealisme: „Jeg har tilkæmpet balletten en anstændig plads i kunstens rige," skrev han i 1847, „og gjort den til en prydelse for den samme scene, hvor jeg fordum har set den ringeagtet og forsømt." Det er et dictum, der er formuleret med samme punktlige selvfølelse som Holbergs et århundrede tidligere, hvor man om pædagogen Holberg fik at vide gennem hans egen mund, at han med sine skuespil havde omstøbt de nordiske rigers almue udi en anden form.

August Bournonville var den, der gav dansen i Danmark dens ansigt. „Mit egentlige kald er for det romantiske," sagde han, uden at det overhovedet havde været nogen hemmelighed, og udlændinge fandt, at det ejendommelige ved hans national-balletter bestod i deres romantiske duft. Han lod sig flankere af sit lands næsten mytiske momumentalfigurer i kunsten: Oehlenschläger og Thorvaldsen. De var på én gang inspiratorer til hans nordiske fantasier og garanter for romantikkens harmoniudfoldelse. Oehlenschläger havde i et rimbrev

22

F.C.F.Thøming: Den blå grotte på Capri. 1833. Thorvaldsens Museum

kaldt ham *digter*, hvad der for Bournonville var et kolon ind til ballet-
kunstens legitimitet.

Bournonville havde en fornemmelse af, at det nordiske i hans talent
som danser og balletdigter måske ikke skaffede ham totalerkendelse i
det Frankrig, som formede ham i 1820'erne. Men samtidig begreb
han, at den sydlandske kolorit og måske også et par dråber af sydlæn-
dingenes blod med held kunne overføres til det ellers svale Norden.
Han forsynede det danske teater med et repertoire, hvor enhver ædel
følelse var adgangsberettiget, hvis den tillige var motiveret. Med sin
sans for publikumsvenlig *panache* udkonkurrerede han både Galeotti
og sin far. Han ophævede det statuariske og fremelskede det levende.

„Det var en sand åndsnydelse at se Bournonville danse,‟ bevidnede
Goldschmidt, der pegede på den fuldkommenhed, hvormed dansens
og musikkens indhold gik i ét med formen. Imens havde filistrene
travlt med at brede deres materialisme ud og bespotte Bournonvilles
frodighed. Selv var han med sin lidt eksalterede egensindighed ude af
stand til at forstå, at nogen kunne være uforstående. I 1850 fandt han
på at sammenligne sit „utaknemmelige arbejde med gartnerens‟, og
da H. C. Andersen i februar 1872 besøgte ham og læste historien om
Gartneren og Herskabet, syntes Bournonville den Yngre, at han som i

et spejl havde set sin egen skæbne. „Nu får jeg nok navnet Larsen,“ sagde han, „jeg kender mig selv deri.“ Andersen har vel haft andre modeller i tankerne, men det er dog en sandhed, at den store koreografs bedrift blandt andet består i, at han i sit arbejde med det danske teaters vegetation har fået blomsten på ærteskokken til at blænde og lyse som Hindostans Lotus.

Iøvrigt nægtede Bournonville at anerkende et nederlag. Det gjaldt nationens, og det gjaldt hans egne. Da han i 1841 under udførelsen af *Toreadoren* blev modtaget med mishagsytringer, sprang han resolut ud af rollen og vendte sig direkte til den kunstforstandige Christian VIII oppe i logen: „Hvad befaler Deres Majestæt, at jeg skal gøre?“ Og kongen svarede fornuftigt tilbage: „Blive ved!“

Den slags henvendelser var ikke skik i hin tids Danmark, men trods efterfølgende stuearrest var Bournonville uindspærrelig. „Kunstnervarme skelnes af de uindviede ikke let fra hidsighed,“ sagde han, og så dansede han skuffelserne af sig med despotisk fyrighed. Hvis forholdene forekom ham uflyttelige, moverede han sig andre steder hen: Pariser-conservatoriet, Hardangerfjorden, verdensudstillingen i London, Sibiriens ødemarker, Capris blå grotte. Han var en allestedsnærværende folklorist.

Bournonville levede og regerede i samme periode som Grundtvig og Ingemann, Andersen og Kierkegaard, Paludan-Müller og Lumbye, Bjørnson og Ibsen, Edvard og Georg Brandes. De tilhørte hans komparseri. Han kom til Paris, endnu mens Napoleon gik ture på St. Helena. Han opdrog Juliette Price, Betty Hennings, Athalia Flammé (Poul Reumerts mor) og Hans Beck, og han dystedes i mere end en menneskealder med sin tidligere elev Lucile Grahn, der trodsede ham med sit europæiske ry. Han oplevede fru Heiberg i magnetfeltet af hendes ungdom, og han fik set hende, da hun som gammel kone gik rundt og kommanderede. Rossini roste ham for hans klangfulde tenorstemme, Gardel og Vestris d. y. priste hans dansekunst, Dumas ydede ham gæstevenskab, Liszt spillede for ham, Jenny Lind sang eller gjorde bodsøvelser, og Wagner slog med nakken. Det gamle, det nye. Meget mere end et tidehverv.

Hos Bournonville fik prosaen aldrig magt til at fortrænge poesien. Det naive valgtes til fordel for det grublende, idyllens og idealitetens gestus frem for konflikternes dårlige manérer. – Hans far, Antoine, havde indskærpet ham, at den belevne Bellman, som han havde

Det Kongelige Theater.

Løverdagen den 30te April 1870, Kl. 7:

Lohengrin,

romantisk Opera i 4 Acter af Richard Wagner, oversat af Hr. A. Hertz.
(Første Gang).

Personerne:

Henrik Fuglefænger, tydsk Konge	Hr. Schram.
Lohengrin	— Jastrau.
Elsa af Brabant	Jfr. Pfeil.
Hertug Gotfred	E. Egense.
Frederik af Telramund, brabantisk Greve	Hr. Erhard Hansen.
Ortrud, hans Gemalinde	Md. Zinck.
Kongens Herold	Hr. J. Wiehe.
Sachsiske Adelsmænd	— Christophersen.
	— Steenberg.
	— Eckardt.
	— Ferslev.
Pager	Md. Riise.
	Jfr. Jensen.
	Md. Schiemann.
	Jfr. Bournonville.

Sachsiske og thüringske Grever og Adelsmænd, Adelsfruer, Pager, Mænd, Kvinder, Svende.
Handlingen foregaaer i Antwerpen.
Tiden: den første Halvdeel af det tiende Aarhundrede.

Indgangen aabnes Kl. 6½.   Forbi omtrent Kl. 10½.

Upasselige ere: Hr. Füssel og Fru Jacobson.

Programmet sælges for 2 Sk.

Trykt hos M. W. Volkersen, Rosengaarden Nr. 5.

Forside af programmet til førsteopførelsen i København af Richard Wagners opera „Lohengrin"

kendt fra sin tid i Stockholm under Gustav III, var en olympier og ikke en svirebror. Den lyriske fylde og den naive gratie var det fremherskende i Bellmans person og geni. Dette må August Bournonville have haft i tankerne, da han bestemte sig for *la carrière la plus glorieuse du monde.*

Bournonville-skolen

af

Allan Fridericia

Impressionisten Edgar Degas gjorde dansernes træning kendt, ikke
blot som motiv i billedkunsten, men som begreb. Vi ser dem, pigerne
og de unge kvinder, stå og strække fod eller radbrække sig med et ben
lagt på rundstokken, „barren", der er placeret i hoftehøjde langs dan-
sesalens væg. Vi ser – også – sliddet og en hård tilværelse i disse parisi-
ske proletaransigter. Man mistænker gerne Degas for her, under træ-
ning og ved indstuderingerne at have fundet dansens virkelighed,
mens hans glimt fra scenen oftest strejfer afsløringen af en kunstlet,
lidt banal skinverden, set i lys, impressionismens lys.

Degas lange suite af dansebilleder starter i begyndelsen af 1870'rne
og slutter først ved malerens død. Bournonville kunne gerne have set
billederne under sine sidste pariser-besøg.

Hvad ville han have sagt?

Givetvis to ting: ja, disse ansigter passer – de er de samme som i Kø-
benhavn – og nej til danseidealet, billederne fremstiller. Bournonville
var blevet vred, Degas ser udelukkende dans som kvindens kunst –
oven i købet en kunst, hvor arbejdsanstrængelserne ikke er skønne,
klassiske, formede i antikkens ideal.

På tre af Degas-billederne står en lille, gammel mand. Han støtter
sig til en af de holbergske Jeronimus'ers stok. Det er Jules Perrot og vi
ville gerne have spurgt, hvad han syntes om øvelserne, han lærte dan-
serinderne fra L'Opera.

Måske er han faldet i staver, fordi han lige er kommet fra en sam-
tale med Bournonville, hvor de talte om deres ungdom og deres ung-
doms idealer.

Få dage efter August Bournonvilles død skrev Perrot et rørende
brev om deres lange venskab til Bournonvilles dattersøn, August
Tuxen.

Sammen dansede Jules Perrot og August Bournonville i 1820'rne i
datidens berømteste skole. Sammen oplevede de, hvorledes „paryk-
tiden"s og revolutionens største dansernavn August Vestris ikke alene
formidlede gamle lærdomme, men på forunderlig vis fattede, og for-

27

domsfrit fremlokkede, det ny i en ukendt solist, der ankom fra Wien, Marie Taglioni. Hun søgte Vestris for afpudsning før sin Paris debut.

Perrot og Bournonville fulgte arbejdet og kom begge til at optræde med denne, romantikkens første dansestjerne.

August Bournonville lagde ikke skjul på, at han forblev idealerne fra 1820'rnes Paris tro. Derfor er det korrekt idag at tale om en Bournonville-skole. Den bygger på et meget afgrænset æstetisk syn: netop hvor de tidligere, klassiske idealer berør romantikken.

Romantikken ude omkring fik andre og efterhånden langt stærkere impulser end Vestris' franske skole. De udsprang fra italienske koreografer, ballerinaer og pædagoger og de blev ved nyt møde med gamle, franske idealer i Europas anden ende, St. Petersburg, til århundredets tredie store „skole", den russiske.

August Bournonville kokketterede kun en enkelt gang med den italienske virtuose balletromantik, i bevidst beregning. Bournonville kendte Wien. Da han i 1850'rne tiltrådte engagement dernede, havde han derfor en ballet med bravour – lad den nok så meget have en skomager til hovedperson – „Abdallah", hvoraf enkelte og stærkt forenklede soli lever som indlæg i „Napoli"s *pas de six*.

I dag er Bournonville-skolen den eneste levende af romantiken indbyrdes forskellige skoler: den italienske udbyggedes senere af den skelsættende pædagog Cecchetti og den russiske fik afgørende ny retning gennem Agrippina Vaganovas indsats efter 1917.

Skole – her taget i betydningen, romantikken anvendte: stil, ideal, plastiske attituder og holdning til musikken. Skole, i forbindelse med et skole-pensum, kendtes næppe. I hvert fald nedskrev Bournonville ikke Vestris' øvelser, som de forekom i løbet af lektionerne, men efter den dansearet, de repræsenterede (spring, pirouetter osv.).

Det, vi idag kalder Bournonville-skolen, er derfor først og fremmest stil, ideal, plastiske attituder og holdning til musikken. Men det er samtidig navnet på en række øvelser, fordelt på ugedagene.

Øvelserne må betragtes i lyset af en pædagogisk indstilling. Heldigvis har vi en række kilder fra Bournonvilles tid. En snes år efter mesterens død – og helt frem til 1930'rne – var det pædagogiske system degenereret i København, så børnene nærmest fik ordre til blot at lave det samme som de voksne „foran".

28

Edgar Degas: Classe de Danse. 1874. Louvre. Skoletime hos balletmester Perrot. Prøvesalen er den samme som August Bournonville dansede i, da han som ung var i Paris.

Bournonvilles ældste datter, Augusta, fik – nu og da sammen med Price-familiens børn – undervisning af sin far. Det sker i de år, hvor Bournonvilles ældstkendte dagbog skrives. Kort efter datterens konfirmation sendes hun på studierejse til Paris og hendes breve tilbage beretter om fremskridt og – indirekte – om forskelle i undervisningen.

Undervisningen har ikke været kendetegnet ved den trinvariation, vi forbinder med Bournonville-skolen. Følgende punkter dækker vist undervisningens hovedpunkter: øvelser, der skal styrke føddernes og benenes udaddrejning. Muligvis, alt efter ens egen tolkning, understøttet af øvelser for hoftedrejning i forhold til rygsøjlen. Knæbøjning og tåstrækninger og en enorm styrkeoptræning af benenes muskler. Der tales om 320 battements, hvor det tydeligt menes store og høje spark med benet, frem, til side og tilbage.

Trinregistret har været meget begrænset for det alderstrin, mens smukke, harmoniske armbevægelser *(port de bras)* og sikkert holdte stillinger i balancer *(attitudes)* indtog en central plads. Pirouetter af alle arter forekom.

I disse beskrivelser – og i forbindelse med de voksne danseres undervisning – giver Bournonville os det indtryk, at han var streng, men urban i tonen. Det stemmer ikke ganske med udsagnene om hans voldsomme temperament.

Bournonville havde forpligtelse til at undervise balletskolens børn. Dette ansvar fraskrev han sig tidligt og overlod undervisningen til Georg Brodersen. Men givet er, at Bournonville fulgte undervisningen i hvert fald indtil det nuværende kgl. teater blev bygget.

Hans undervisning har i al væsentlighed drejet sig om de 14–21 årige. Den „voksne" danser havde erhvervet *sin skole* og øvede for sig selv. Men Bournonville gjorde undtagelser med dansere, ikke mindst Juliette Priece, han gerne ville videreudvikle. Det arbejde fik han ingen betaling for.

Lektionerne har varieret mellem 1½ og 2½ time.

1893, da Hans Beck overtog undervisningen var der rykket en helt ny generation dansere op. Det blev derfor nødvendigt på en eller anden måde at tage stilling til, hvordan undervisningen skulle tilrettelægges.

Hans Beck gemte sine optegnelser fra perioden. De findes på Teatermuseet. En del øvelser er nedskrevet uden nærmere angivelse, mens en række trinsammensætninger bærer danseres navn. Her er der frit spillerum for fantasien, men den mest naturlige forklaring er, at Beck har fortalt, hvem som har husket vedkommende trinkombination. I alle tilfælde drejer det sig om lange og komplicerede øvelser, og det er næppe troligt, at så mange besad så stor koreografisk kompositorisk talent, som her er tale om.

August Bournonville med balletbørn. Fotografi på Teatermuseet.

Paul Fischer: Skoletime i Det kongelige Teaters Ballet. 1899. Teatermuseet.

En række af standard-øvelserne udmærker sig ved at have karakteristisk musik (f. eks. „Kinesertrinet") fra operaer, helt ude af repertoiret i slutningen af århundredet.

En række øvelser tog Hans Beck fra Bournonville-balletter i repertoiret (La Ventana, Napoli og – først og fremmest – Danseskolen fra 1. akt af Conservatoriet) og fra nu glemte divertissementer, hvor navnene kaster delvis lys over oprindelsen, således Brama og bajaderen, et syngespil med store danseroller.

Hans Beck nåede på denne måde frem til ca. 200 øvelser og tilrettelagde dem i seks skoler med navn efter ugedagene. Dertil kom tre indledende stangskoler, man skiftevis benyttede.

Skolerne er – i modsætning til Bournonvilles notater fra Vestris – rensede for en dybere teoretisk-estetisk, teknisk opbygning eller inddelt efter arter af trin. De er *træningstimer*, ingen grundskole. Skal en nutidig danser få noget ud af dem, må vedkommende møde frem med anseelig viden.

I sidste århundrede fandtes en anden billedkunstner, ud over Degas, der levende interesserede sig for dans. Det var H. C. Andersen, hvis papirklip er en fin kilde til forståelse af Bournonvilles kunst. H. C. Andersens dagbøger viser, hvor alvorligt han tog det, da Bournonville ønskede at skabe en ballet over „Den standhaftige tinsoldat", som blev „Et eventyr i billeder". Den havde, ligesom Conservatoriet, en danselektion. Sørgeligt nok er alt koreografisk materiale fra „Et eventyr" borte.

Men der er noget karakteristisk for Bournonville, at han to gange satte et æresminde, netop gennem en scenisk fremført „skole" – først over sin betydeligste lærer August Vestris og i slutningen af sit liv over eventyrdigteren, dramatikeren, forfatteren og vennen H. C. Andersen.

Bournonville og hans dansere

af

Erik Aschengreen

Det er selvfølgelig diskutabelt at udnævne en bestemt dansertype til at være Bournonville-danseren par excellence, og dog er det nærliggende at falde for fristelsen. I dansk ballettradition har det på mandssiden først og fremmest været *demi caractère*-danseren, der blev opfattet som den, der bedst kunne leve op til Bournonville-stilens krav og levendegøre partierne, hvilket er let at forklare.

I begyndelsen af 1800-tallet, da Bournonville uddannedes som danser, eksisterede de forskellige fagbetegnelser i dansens verden endnu. Bournonville selv var ikke den lange, elegante prinse-type, *le danseur noble et sérieux.* Han var ikke særlig høj, men en hurtig, væver, let og adræt danser med udpræget talent for den rappe allegro-dans, mens han kæmpede med de langsomme trin og stillinger. Efter debut'en i Paris blev han ansat på Operaen dernede netop som *demi caractèr-*danser.

Op til 1848, hvor Bournonville trak sig tilbage som danser, skabte han hovedpartierne i sine balletter med henblik på sig selv, og intet sted i Europa eksisterede der på denne tid så store og spændende roller for mandsdanseren som i København. Bournonville vidste selvfølgelig, hvordan han skulle præsentere sig selv på scenen, og derfor blev mandspartierne i Bournonville-balletterne først og fremmest lette at krybe ind i for *demi caractère*-danseren, der stod Bournonvilles egen dansertype nær. Muligvis skal forkærligheden for partier, der klædte denne dansertype også ses i sammenhæng med, at heltene i Bournonvilles balletter som regel ikke tilhører de adelige lag, men kommer fra borgerverdenen. De er almindelige mennesker. Sjældent fyrster.

Gennem mere end hundrede år har de store Bournonville-partier været en stadig prøvesten for danske dansere. Dansk mandsdans' høje stade hænger sammen med de muligheder, Bournonville-repertoiret har at byde på, og det gælder såvel de dansertyper, der gled lige ind i partierne, som dem, der måske typemæssigt hørte hjemme et andet sted, men alligevel har sejret stort hos Bournonville.

I dag inddeler vi ikke dansere på ovennævnte vis, men det er let at

Lucile Grahn

Augusta Nielsen

Juliette Price

Valborg Borchsenius

se, at dansere som Børge Ralov, Fredbjørn Bjørnsson, Niels Kehlet, Arne Bech, Flemming Ryberg, Peter Schaufuss, Frank Andersen og Ib Andersen er nærmere Bournonvilles egen type og derfor lettere danser ind i hans partier end dansere som Erik Bruhn, Henning Kronstam, Flemming Flindt, Peter Martins, Adam Lüders og Arne Villumsen. For dem alle har Bournonville dog været en udfordring og en berigelse. Han har lært dem en stil og en teknik, og han har givet dem partier at vokse og leve i. Bare denne række betydelige mandsdansere fra de sidste generationer viser noget om kvaliteten hos dansk mandsdans, og den har endog smittet af på dansere, der fortrinsvis har gjort sig gældende udenfor Bournonville-repertoiret, men er blevet inspireret af at være i et hus, hvor mandsdansen stod højt. Fra den klassiske sérieux-danser Palle Jacobsen til den moderne Johnny Eliasen.

I romantikkens tid gled mandsdanseren i baggrunden overalt i Europa for til sidst næsten at forsvinde fra scenen. Da „Coppelia" havde premiere i Paris i 1870 blev det mandlige hovedparti, Frants, danset af en danserinde *en travesti*, men da balletten nåede til København i 1896, stod Hans Beck på scenen i denne rolle. I Danmark fik mandsdansen ikke lov at degenerere, og netop Hans Beck var den, der i generationen efter Bournonville værnede om Bournonville-stilen og sørgede for, at mandsdansen blev holdt i hævd.

Bournonville selv var både temperamentsfuld og virtuos som danser. Han kendte lysten til at brillere med bravur-dans, men prøvede at lægge en dæmper på disse lyster, fordi dansen jo gerne skulle stå i en højere sags tjeneste. Af den fuldendte danser krævede Bournonville gratie, lethed og kropssmidighed, men han forlangte også ånd og dannelse. Selv udstrålede han disse kvaliteter. Vi har ikke nogen egentlig balletkritik i 1800-tallet, men vi har gode beskrivelser af Bournonville som danser, fordi han med sit enestående talent så at sige tvang digternes penne til at forsøge at fange hans geni. Meir Aron Goldschmidt talte om, at det var en åndsnydelse at se Bournonville danse, og det er værd at bemærke, at Bournonville bag kulisserne vågede over sine danseres åndelige udvikling. Han lagde vægt på, at danserne fik en ordentlig boglig uddannelse, således at færdighederne ikke bare sad i benene.

Han flyver, sagde københavnerne begejstret, da den unge August Bournonville i 1829 vendte hjem fra Paris og henrykkede Det kongelige Teaters publikum med sin lette dans, men samtidig imponeredes

Ida Merete Kirk og Ib Andersen

Margrethe Schanne

Kirsten Simone

Kirsten Ralov

Sorella Englund

August Bournonville i Sylfiden

Valdemar Price

Hans Bech

Flemming Flindt

Niels Bjørn Larsen som Heksen i Sylfiden

de over hans evner for mimisk karakterskildring, og denne side af en
dansers talent blev også væsentlig for begrebet en Bournonville-
danser. Valdemar Price var i forrige århundrede en af de betydeligste
Bournonville-kunstnere og var det først og fremmest ved sin evne til

40

Erik Bruhn som James i Sylfiden   Fredbjørn Bjørnsson

Peter Martins   Peter Schaufuss

at fylde på en scene og til mimisk at gennemleve rollen, og Price var blot en af de fremragende mimikere, Bournonville havde i sit kompagni. Traditionen fortsatte, og de betydeligste karakterdansere, Den kongelige Ballet har kunnet fryde sig over i dette århundrede med navne som Gerda Karstens, Niels Bjørn Larsen, Lillian Jensen og Fredbjørn Bjørnsson, hænger også sammen med de udfordringer, der ligger i repertoiret. Men selv om dansk ballet er berømt for sine mandsdansere, behøver danserinderne ikke at stå i skammekrogen. Nok var det væsentligt for Bournonville at hævde mandsdanserens og ikke mindst sin egen position, men mænd alene gør det jo ikke, og slet ikke i romantikkens tid.

August Bournonville havde som ung danser set den berømteste af romantikkens danserinder, Marie Taglioni, og han var fuld af beundring for hendes væsen som for hendes kunst. Man kunne græde ved hendes dejlige dans, skriver han i sine erindringer. Ved sin hjemkomst til København i 1830 ragede den diktatoriske Bournonville ulykkeligvis hurtigt uklar med teatrets eneste betydelige ballerina Andrea Krætzmer, der lidt uretfærdigt først og fremmest huskes i dansk ballethistorie som den sidste kunstner, der kom under arrest i Blåtårn for tjenstlig forsømmelse. Bournonville kastede derefter sine øjne på den purunge Lucile Grahn. Hun blev hans første sylfide og hans berømteste elev. Da hun senere dansede ud til internationalt ry, efterfulgtes hun af den ladylike Augusta Nielsen og den yndefulde Juliette Price, som var den af Bournonvilles danserinder, der kom hans ideal nærmest. Bournonville fordrede af sine ballerinaer en sprød, kvindelig ynde. Hans italienske, spanske, flamske eller norske piger er ikke naive og kedelige, som eftertiden af og til har påstået. De er fulde af liv og koketteri, sødme og temperament. De er meget forskellige, og de er dejlige roller både at spille og danse, men de hører alle hjemme i en verden, hvor glæden og harmonien sejrer. Ikke enhver svaneprinsesse føler sig hjemme i Bournonvilles verden, hvor der ikke er rum for det store elegiske stræk.

Som for mændenes vedkommende har Bournonville-rollerne også for kvinderne betydet en udfordring. Bournonville-danserinder er lette. Deres dans er blød og yndefuld, deres spring små og hurtige. De synes kun at berøre gulvet for igen at gå i luften. Og altid ser det uanstrengt ud – når det danses som det skal. Bournonville-danserinder har kvaliteter, som verdensballerinaer misunder dem, og hvor svær denne lette Bournonville-dans er, ses ikke mindst, når dansere trænet i den store russer-stil eller hos Balanchine skal gøre sig gældende i Bournonvilles verden.

Bournonvilles indsats for danske dansere blev mangesidig og fik langtrækkende betydning. Han hævede dansernes sociale position, og han skabte i sin tid et balletkompagni med fremragende solister både på dansens og mimikkens område. Set fra i dag er hans største indsats det repertoire, som stadig lever med et væld af spændende roller og dejlig dans. Dansere af i dag mærker Bournonvilles indsats så at sige på deres krop og føler den i deres sind. Vi ser den for vore øjne, såvel når Akropolis-tæppet går op på den officielle scene, som når Bournonvilles børn danser frem på tv-skærmen, i medborgerhuse eller ved internationale balletfestivaler.

Om at danse Bournonville

af

Dinna Bjørn

Bournonvilles balletter blev til i romantikkens tidsalder, og i deres form, handling og persongalleri bærer de alle tydeligt romantikkens stempel. For med helhjertet oprigtighed at kunne identificere sig med figurerne i hans balletter, må man have lidt af en romantiker i sig. Men bestod Bournonvilles balletter kun af historierne og de mimiske scener, havde de næppe overlevet op til i dag – det bærende element i dem er det koreografiske – de dejlige danse, der er en udfordring til enhver klassisk danser den dag i dag.

Og hvordan kan det så være? Hvordan kan man overhovedet danse 100 år gammel koreografi uden at føle, at man laver „pastiche"-dans eller parodi eller viser museums-dans? Efter min mening ligger det i koreografien selv, at den er tidløs – eviggyldig. Spørgsmålet om at danse i den rette Bournonville-stil, kan så diskuteres – og *bliver* diskuteret – i det uendelige. Ingen kan jo vide helt nøjagtigt, hvordan Bournonvilles koreografi blev danset på hans egen tid.

Bournonville har selv sagt, at noget af det værste han kunne forestille sig var at få sine danse afbildet, thi billederne kunne jo slet ikke videregive dét, der for ham var det essentielle i dansen: Selve strømmen af bevægelse. – „Hvorledes ville en entrechat eller en pirouette tage sig ud som tegning!" sagde han; „jeg kender intet smukkere i virkeligheden og intet hæsligere på papiret end de sylpheagtige grupperinger på tåspidsen." – Og heraf uddrog han følgende erkendelse: Dansen har foruden sin musikalske og plastiske natur også en aldeles ejendommelig, der tilhører momentet og ikke tåler at fastholdes.

Når nogen derfor tror, at dét at danse Bournonville-koreografi i den rigtige stil må betyde at kopiere de gamle stik og billeder fra den tid, er det efter min mening helt forkert – (thi det strider jo direkte imod dét, som Bournonville har givet udtryk for som sin opfattelse af, hvad dansen skulle stå for og være). Hvis jeg vil prøve at danse Bournonville, som jeg forestiller mig, man kan have danset på Bournonvilles tid; ja, så kan jeg ikke undgå at føle det akavet og kunstigt. Jeg vil føle, at jeg er nødt til at holde igen – jeg må jo tænke på, at dengang

44

kunne de hverken stå på tåspids ret længe ad gangen eller dreje mere end to pirouetter. Jeg vil derfor være nødt til at danse på en måde, der føles lidt unaturligt for mig som danser anno 1979. Men for Bournonville var dans (og dermed også hans egen koreografi) først og fremmest et udtryk for glæde og ubesværethed, naturlighed, ynde og skønhed. Derfor må målet også nu i dag være at nå frem til at kunne danse Bournonvilles trinkombinationer, som opstod de helt naturligt og spontant for én i øjeblikket – som havde man selv fundet på dem lige i dette nu som udtryk for den stemning, man er i – og som et udtryk for musikken og en lyst og trang til at følge musikkens rytmer. Og samtidig også tilstræbe et naturligt skønhedsudtryk i dansen, som ligger nært opad ens eget skønhedsideal, og derved hele vor tids skønhedsideal. Dét er skiftet med tiden – på Bournonvilles tid var danserinderne mere i rundbuestil, og også af den grund må mange af deres bevægelser ganske naturligt have set anderledes ud end en danserinde af i dag er i stand til at præstere dem. Og jeg mener ikke, at de meget runde kurver på kroppen er *nødvendige* for at kunne danse i den rette Bournonville-ånd. Det har langt mere at gøre med at finde ind til, hvad det var, Bournonville ville vise med sin koreografi – og *overføre* det til vor tid.

En nøgle til større forståelse og beherskelse af Bournonville-stilen er at studere og udføre hans „skoler", dvs. de seks træningsskoler med mesterens egne trin, der er samlet og bevaret af nogle af hans nærmeste efterfølgere, og sidenhen overleveret fra dansergeneration til dansergeneration. I disse skoler ses det tydeligt, at det er *koreografen* Bournonville, der udarbejdede sine trinidéer i træningssalen. Mange af skoletrinene er forstudier til hans balletter. Og de rummer alle de særlige kendetegn, der karakteriserer hans scene-koreografi. Når man tænker på den stigning af de rent balletstekniske krav, der har fundet sted blot indenfor de seneste 10–15 år, er det fantastisk, at disse trinkombinationer, skabt for over 100 år siden, stadig kan rumme en udfordring og stille store krav til en danser af i dag. Det har at gøre med, at Bournonville sammenstiller trinene på en lidt anderledes måde, end man er vant til, hvis man, som jeg selv, er uddannet i den klassiske russiske skole (Vaganova).

Bournonville har altid stået mit hjerte nær, og hans koreografi har altid „talt direkte til mig", fordi den for mig har været et udtryk for noget af dét, jeg gerne ville udtrykke med min dans. Men jeg er ikke

45

opvokset med hans skoler. Jeg var 16 år, da jeg første gang skulle lave en Bournonville-skole. Og så skal jeg ellers love for, at det i første omgang betød en ordentlig gang hjernegymnastik! Jeg følte det, som om hjernen skulle „omkodes", fordi den pludselig skulle sende besked ud til arme og ben og overkrop om at koordinere de forskellige elementære trin og bevægelser på en helt ny måde! F. eks. kan en entrechat godt ende nede i en grand plié, og en pirouette kan godt starte fra en grand plié, eller gå lige den modsatte vej, end det foregående trin indikerer, og en double tour en l'air kan udspringe direkte fra en double rond de jambe sauté assemble. Præparationerne til de vanskeligere trin er *trin* i sig selv og ikke, som det ellers oftest er tilfældet i den russiske stil: en decideret „stå-på-stedet-og-forberede-sig"-præparation. Hos Bournonville *danser* man lige ind i de „store" trin – alt er dans, og det kan i første øjeblik være utroligt udmattende, hvis man ellers er vant til at kunne puste lidt og fugte læberne, mens man f. eks. med ryggen til publikum går op til hjørnet midt i en sole for at starte en ny diagonal. Det gør man aldrig hos Bournonville. Derfor kan Bournonville-koreografi godt være meget hård for benene – og konditionen – i starten, hvis man ikke har fået hans skoler ind fra barnsben. Men efterhånden som man trænger længere ned i koreografien og finder ind til dens puls, dels ved at danse den meget, dels ved at analysere den for sig selv, finder man mere og mere ud af, at der jo – selvom det hele er trin – skal være lys og skygge i dansen, stort og småt, forskellig betoning af trinene – nogle af trinene er jo „bindeord" og skal derfor ikke gøres så store og betydningsfulde som selve „hovedordet" i trinsætningen.

Begynder man så at undersøge Bournonvilles koreografi på den måde – som var hver trinfase en sætning med et bestemt budskab, hvorved ét af trinene er hovedtrinet der skal fremhæves, og de andre trin bygge op til det, men ikke danses lige så højt og stort og voldsomt ud, så er man ved at nærme sig en forståelse for noget af det essentielle i koreografien, tror jeg. Og så begynder det også at blive utroligt spændende og vedkommende for én selv at danse Bournonville. Når man først på den måde er begyndt at forstå hans sprog, og tale det gennem hans dans, vil man også begynde at fornemme i sin egen krop den logiske strøm af bevægelse i koreografien. Den strøm, der kæder de enkelte trin sammen til sætninger (og sætningerne til en hel dansevariation), og man opdager, hvor vigtigt det er ikke at hakke denne

Dinna Bjørn i Onsdagsskolen

strøm i stykker i „enkelttrin". Hvorved man pludselig kan gøre den måske overraskende opdagelse, at Bournonville faktisk er helt tæt på den fri modern-dance i grundprincip. Og derved alt andet end „forældet" eller museumsagtig.

Denne bevægelsesstrøm har sin egen frasering i forhold til musikken. Bournonville følger det musikalske grundlag nøje – både i det rytmiske og melodiske – men han udnytter ofte musikalske betoninger på en anderledes måde, ved at han f.eks. synkoperer trin, som ellers plejer at blive udført egalt, dvs. med lige meget tid til hver bestanddel af trinet. Dette er også med til at give hans trinsprog krydderi og farve. Og hans brug af rummet er ofte helt ukonventionel og medvirkende til at give „gamle" klassiske trin et næsten helt nyt udseende, idet de pludselig bliver drejet en anden vej, eller udført i en anden retning end normalt. Og så er der endnu et stilsærkende: *Epaullementet*, dvs. måden, man placerer overkroppen og skuldrene og hovedet på i forhold til de arbejdende arme og ben, og hertil hører også betydningen af *blikkets retning*.

Når jeg nogle gange har skullet forsøge i få ord at forklare det specielle ved Bournonville-stilen til forskel fra f.eks. russisk og engelsk stil, er det i reglen epaullementet, jeg nævner først – fordi det nok også er det mest øjeblikkeligt iøjnefaldende ved koreografien, for publikum. Overkroppen og blikket, der hele tiden går *til* det løftede eller det arbejdende ben. Epaullementet er et stilsærkende – men det er og bør være mere end et sæt stive regler for at virke rigtigt og levende. Dét, det gælder om, er at blive så fortrolig med disse regler, at man føler det helt naturligt at læne sig i de rigtige retninger i forhold til benet og trinets retning, og at man slet ikke kan lade være med at se ned mod det arbejdende ben!

Jeg har min egen teori om, at dette epaullement har haft et særligt formål på Bournonvilles tid (og at det måske netop er derfor, det er opstået). Det er nemlig mere udtalt for damerne end for herrerne, og det kan have at gøre med, at danserinderne dengang altid havde lange skørter på, og at epaullementet derfor skulle medvirke til at drage publikums opmærksomhed mod føddernes arbejde!

Efter at jeg nu i femten år har danset Bournonville både her i landet og på gæstespil i udlandet, og har arbejdet under instruktion af de bedste Bournonville-kendere på Kongens Nytorv – samt i de seneste år selv er begyndt at prøve på at videregive mine erfaringer ved at un-

Dinna Bjørn i Kermessen i Brügge

dervise i Bournonville og indstudere ting fra hans balletter – synes jeg,
at mine samlede erfaringer peger i én bestemt retning, nemlig: At der
ikke kan siges at være én „rigtig" måde at danse Bournonville på,
men at det for enhver danser, der konfronteres med hans koreografi,
er et spørgsmål om at finde sin egen vej ind til koreografiens bankende
hjerte, for derved at blive i stand til at formidle dens iboende budskab
videre, sætning for sætning, som var det danserens eget. Og måden at

opnå dette på gennem sin dans vil være forskellige fra danser til danser, men fælles for resultatet vil være: At koreografien *lever* – fordi bevægelsernes strøm ikke standses eller hakkes i stykker, fordi der er lys og skygge i dansen, og opbygning til et højdepunkt i hver trinfase, opnået gennem frasering og forskellig betoning, indlevet epaullement og indforstået brug af rummet. Den følelse, der fylder én, og derfor også klart vil stråle ud fra dansen, når alle disse faktorer er blevet en del af én selv, og man ikke længere behøver at spekulere på detaljerne, men kan give sig helt hen til den utroligt logiske strøm af bevægelse i koreografien og lade sig „bære" af den, er – synes jeg – lig med *en ren og uforfalsket danseglæde.*

„Musikken er Phantasiens skjønneste Organ"

af

Ole Nørlyng

„Begrebet Dands er uadskilleligt fra Musik, og Terpsichore forener i sit Væsen Rhytmen og Bevægelsen. Den mest umiddelbare i sin Oprindelse og Virkning, den uafhængigste og sjæleligste, ja vistnok den ældste af alle skjønne Kunster er Musikken." „Dandsen skylder altsaa Musikken sin Tilværelse."

Det fremgår af disse citater fra åbningskapitlet i „Mit Theaterliv" bd. I, 1848, at Bournonville satte musikken uendelig højt, – en holdning der ikke blot er funderet i hans personlige musikalitet, men tillige er et udslag af det romantiske musiksyn.

I følge romantikeren er det kunstens opgave at løfte mennesket ud over den umiddelbare virkelighed, der styres af fornuften, og ud til en dybereliggende virkelighed i samklang med det guddommelige, verdensånden. Musikkens ikke-verbale væsen betyder, at den frem for noget andet medium appellerer til følelserne og sanserne. Musikken bliver for romantikeren det fascinerende vidunderland, hvorigennem følelsernes intensitet, sansernes magt og tilværelsens irrationalitet renest udtrykkes. Musikken kan sige det uudsigelige, og derfor tildeles den en overordnet rolle i romantikkens æstetik.

At Bournonville ikke stod fremmed overfor disse tanker viser allerede åbningen i hans første skrift „Nytaarsgave til Dandse-Yndere", 1829. Her møder vi en Bournonville, der begejstret betoner musikkens trylleri fremfor den af sproget lænkebundne digtning. „Musikken er Phantasiens skjønneste Organ", og dens udtryksfulde sprog anser han for „den ideelle Sphære". I „Choreographisk Troesbekjendelse" placerer han musikken i forhold til dansen, idet han fastslår, at „Dandsen kan ved Musikkens Hjælp hæve sig til Poesie". Hermed viser Bournonville ikke blot, at han er besjælet af det romantiske musiksyn, men at han i musikken ser det udgangspunkt, der kan hæve dansen op fra den overfladiske underholdning og gøre den til et fuldgyldigt kunstnerisk medium på linie med poesien.

Skulle ballettens selvstændighed som kunstart hævdes, da måtte musikken være det bærende fundament. Ballet er som Bournonville udtrykker det: „Legemet der synger".

Bournonville begynder sin skaben i en tid, hvor der indenfor ballettens musikalske praksis skete store omvæltninger. Musikken i den nyere franske teaterdans spillede større rolle end tidligere. Oprindelig var det karaktererne og koreografien, der bestemte, men „Nu derimod er det Musikken, der bestemmer Characteren. Parykstilen har gjort Plads for Romantikken ..." (Mit Theaterliv Bd. I, kap. I). Bournonville beklager sig flere steder over den ringe musik, der var til 1700-tallets balletter. Om den beundrede Dauberval skriver han således: „Det er ligeledes hans System at omarbeide Operetter til Balletter som Le Déserteur, la fille mal gardée og flere; de var fortreffeligt udarbeidede, men led alle af en sammenflikket Musik".

Med betegnelsen „sammenflikket musik" sigter Bournonville til det uoriginale arrangement, som datidens balletmusik vitterlig var. Udformningen af balletmusikken dengang var – selvom det endelige arbejde udførtes af en komponist – stort set bestemt af koreografen, og udelukkende bestemt til at passe dansen. Dette forhold betød, at de betydeligere komponister holdt sig langt borte fra balletmusikken. Koreograferne fordrede for at lette forståelsen af de ofte meget lange pantomimiske passager, at der interpoleredes melodicitater af kendt karakter. Denne udbredte lånepraksis forhindrede i høj grad, at balletmusikken kunne udvikle sig mod større selvstændighed og originalitet.

Bournonville har haft øje for disse uheldige forhold, samtidig med at han har kunnet forstå behovet for melodicitater, lån og andre former for interpolationer. Bournonville har da også gang på gang selv skabt udfra allerede eksisterende musik, og han er gået til sine musikalske medarbejdere med sine musikalske ideer. Men han har så sandelig også erkendt farerne ved de forhold, der førte til „den sammenflikkede musik". Bournonville var fuldt klar over, at fulgte man den gamle praksis, hvor alt var fastlagt inden komponisten kom ind i billedet, så kunne man være sikker på, at man kun fik mådelige musikalske medarbejdere og „sammenflikket musik" – og det uoriginale musikalske arrangement kunne naturligvis ikke danne den „ideelle Sphære", hvorved dansen hæves op til poesiens højder. Kun den originale musik kan skænke balletten det nødvendige poetiske liv, der gør den til en „skjøn Kunst".

52

Wilhelm Marstrand: Musikalsk aftenselskab hos vinhandler, etatsråd Christian Waagepetersen. 1834. Det nationalhistoriske museum på Frederiksborg. – Ved flyglet sidder komponisten Weyse, støttet til hans stol står koncertmester Frøhlich, og yderst t.h. ses komponisten J.P.E. Hartmann. T.v. i billedet ses bl.a. kapelmester Claus Schall og koncertmester Wexschal. Midt i billedet kapelmester Paulli. Også koncertmester P. Funch og musikhandler Lohse ses. På væggen hænger komponisten Kuhlaus portræt mellem Mozarts (øverst) og Haydns og Beethovens (nederst).

Musikalsk havde Bournonville allerede fra barndommen i København været godt vant. Schalls usædvanlig dramatiske og illustrerende musik til Galeottis store pantomimiske balletter må betegnes som højdepunkter i den tidlige balletmusiks historie. Det lange pariserophold havde bragt en række musikalske åbenbaringer. Den romantiske grand opéra var i sin første blomstring. Auber havde givet bolden op med den spektakulære „La Muette de Portici" 1828. Hovedpartiet „den stumme", var et mimisk parti, hvortil Auber havde skabt en på mange måder revolutionerende illustrerende musik, og operaen var rig på balletmusik fyldt med italienske folkelige dansetyper. Operaen viste således vej, når det drejede sig om at udvikle musikkens illustra-

TE VOGLIO BENE ASSAJE

(TI VOGLIO BENE ASSAI)

Nodetryk af den italienske folkemelodi „Ti voglio bene assai". Det kgl. Bibliotek

Vignet fra Rud. Bay's Musikalske Reise 1842–43. Det kgl. Bibliotek.

tive elementer; en nødvendig forudsætning for at musikken i højere grad end tidligere kunne understøtte balletternes dramatiske idé og konkrete miljø.

Bournonville noterer sig det nye under omtalen af koreografen Aumer, idet han skriver, at „han i Gallemberg (havde) fundet en herlig Musik-Componist. Denne geniale tydske Tonedigter har offret hans Balletter sine smukkeste Melodier" (Mit Theaterliv, bd. I, kap. III). Gallenberg var en af tidens mindre komponister, der helligede sig balletmusikken. Han skabte en lang række balletpartiturer med illustrerende musik, som søger mod handlingens dramatiske idé. Selvom Gallenberg ikke er en stor komponist, placerer han sig dog som en vigtig figur i udviklingen bort fra „det sammenflikkede". Bournonville tog musik af Gallenberg med til Danmark, og i sit første år ved Det kgl. Teater benyttedes således Gallenbergmusik i „Gratiernes Hyldning" 1829.

Fra Paris kom det nyeste nye, og Bournonville bragte med Aumer og Scribes „La Somnambule" (Søvngængersken) et originalt balletpartitur til København, som viser endnu et skridt bort fra „det sammenflikkede". Hérold var anerkendt som tidens nye mand indenfor balletmusikken, og hans musik til „La Somnambule" er således uhyre graciøs. En del Rossini-imitation har været uundgåelig, men Hérold har bidraget med en træfsikker sans for det folkelige miljø og den sentimentale historie, samtidig med at han har forsynet divertissementerne med meget indsmigrende og rytmisk accentuerede melodier. „La Somnambule" var den unge Bournonvilles trumfkort, hvormed han vandt det danske publikum. Successen var sikker, men problemerne meldte sig hurtigt. Musikken fra Paris var ved at slippe op, og allerede samme år har Bournonville måttet søge lokale musikalske medarbejdere.

Det har ikke været nemt for den unge balletmester at finde den rette! Den eneste på dette tidspunkt i Danmark, der i særlig grad havde helliget sig balletmusikken var Claus Schall, men han havde efter Galeottis død helt opgivet at komponere. Valget måtte da falde på kapelmusikeren Ph. L. Keck, der tidligere inden Bournonvilles hjemkomst havde vist behændighed i forbindelse med balletmusik. Keck's talent gik dog ikke meget videre end det lette arrangement, men Bournonville har formodentlig ikke øjnet andre muligheder, da han i 1832 skabte sit første store koreografiske værk „Faust".

56

Forsiden til noden, der første gang bragte dele af musikken til „Et Folkesagn". Det er
Harald Scharff der ses som Junker Ove i elverpigernes dans.

Åbningstakterne til J. P. E. Hartmanns musik til baletten „Valkyrien" med gjallerhor-
net. Det kgl. Bibliotek

Man kan undre sig over, at Bournonville, der som omtalt nok var
sig musikkens overordnede rolle bevidst, ikke til en så stor ballet med
et så alvorligt sujet har søgt en mere original musikalsk medarbejder.
Her må vi dog huske, at det at komponere balletmusik var uhyre lidet

estimeret. Det ville have været en fornærmelse af Weyses person, så-
vel som af hans kunstneriske standard, hvis Bournonville havde bedt
ham om musik til „Faust". Endnu mere oplagt kunne en Kuhlau have
været – og sikken dramatisk musik, der kunne være blevet skabt, men

Kuhlau lod sig heller ikke fornærme, så meget desto mere som hans helbred var yderst svagt, og han netop døde i marts 1832.

Det var dengang udelukket at henvende sig til ældre hæderkronede komponister vedrørende balletmusik, og måske er det Bournonvilles største musikalske fortjeneste, at han i sin iver for at højne balletten som kunstart bryder denne konvention. Bournonville må have følt musikken til „Faust" utilstrækkelig, og samarbejdet med Keck bliver ikke videreført. I sine bestræbelser på at komme bort fra „det sammenflikkede" banker Bournonville til stadighed på komponisternes døre. I første omgang gik det an at kontakte den unge J. Fr. Frøhlich, der oprindelig havde haft helt andre ambitioner end at blive balletkomponist. Men som Bournonville selv beretter i „Mit Theaterliv" bd. II, Biographiske Skizzer, får balletmesteren kontakten etableret, netop på et tidspunkt, hvor Frølich synes „at have opgivet alle blændende Illusioner". At det dog ikke var „fint" at skrive balletmusik fremgår klart af den reaktion, som Frølich kommer med: „Deels af Temperament, deels paavirket af Andres Eensidighed, nærede han kun liden Sympathie for denne Kunstart og paatog sig Arbeidet halvt for Løier og ligesom for at prøve, hvorvidt en Balletmesters Absurditet kunde drives i musikalsk Henseende." Denne absurditet var idyllen „Tyrolerne" med indlagt Rossini-balletmusik fra „Guillaume Tell" 1835. „Men", fortsætter Bournonville, „han erfarede snart, at saaledes som jeg opfattede Ballettens Væsen, frembød sig her en viid Mark for den Slags Situationer, der svarede til hans eiendommelige Retning, og det var med glad Overraskelse, at Publikum bemærkede en Melodirigdom og Fylde i Instrumentationen, der viste, at han her var kommet paa sin rette Hylde."

Med musikken til „Valdemar", 1835, skabte Frølich et tildels helstøbt og originalt partitur, og hermed står vi overfor begyndelsen til den enorme musikalske produktion, Bournonville skulle sætte i gang i løbet af de følgende 40 år.

Det var i 1830'rne og 1840'rne at de frugtbare kontakter til den lange række af danske komponister skabtes. Bournonville udviste ved hvert valg og ved hver kontakt en fin sans, dels for hvad der særligt krævedes af musikken til den pågældende ballet, han arbejdede på, og dels for den kontaktede komponists personlige evner.

Frøhlich var Bournonvilles „huskomponist" indtil 1845, men allerede året efter succesen med „Valdemar" kontakter Bournonville med dristighed den unge Baron von Løvenskjold, der som et 20-årigt vidunder præsenterer sig med „Sylfide"-musikken på forbløffende moden vis. Dette meget spændende balletpartitur viser den lykkeligste effekt af et nært samarbejde mellem balletmester og komponist – et samarbejde som ikke var kotume i det øvrige Europa.

Til de større, ambitiøse og alvorlige balletter søgte Bournonville altid samarbejde med de bedste komponister, medens han til de idylliske genrebilledballetter og de mindre divertissementer især anvendte komponister, der var villige til at interpolere kendt stof i det musikalske forløb. Samarbejdet med H. S. Paulli er det fineste eksempel på sidstnævnte medarbejdertype. Paulli har skabt den lette, karakterfulde og velklingende musik til en lang række af Bournonvilles „rejse-balletter", og f. eks. musikken til „Kermessen i Brügge", 1851, viser den dag idag Paullis fine evne til at undgå „det sammenflikkede", samtidig med han f. eks. for at skildre ballettens miljø bygger på flere musikalske lån.

Udfra et musikalsk synspunkt betegner samarbejdet med I. P. E. Hartmann Bournonvilles største indsats. Med fare for at fornærme opfordrede han tidens førende unge komponist i 1838 til at medvirke ved udformningen af musikken til „Phantasiens Ø". Det blev til et langt samarbejde, der betegner fuldendelsen af bestræbelserne for at få original og storladen musik som understøttelse til de koreografiske billeder. Mesterværkerne „Valkyrien", 1861, og „Thrymskviden", 1868, der tilfredsstillede såvel koreograf som komponist, er balletmusikalske milepæle, som viser den originale musiks endelige sejr over „det sammenflikkede".

Med den bevidste kamp for en original musik til de store dramatiske balletter, udviste Bournonville i valg og holdninger et fornemt mod og et klart fremsyn. Det var Bournonvilles romantiske musiksyn, der fik ham til at placere musikken som det medium, hvorved balletten kunne hæves til poesi, og det var hans personlige musikalitet, der fik ham til bestandig at stræbe efter den bedste musik. Set med europæiske øjne er Bournonville forud for sin tid. Først i 1870'rne begynder de store balletpartiturer som Delibes „Coppélia", 1870, og Tchaikovskys „Svanesøen", 1877, at dukke op. Først da er det i det øvrige Europa ved at blive praksis, at også store komponister kan beskæftige sig med musikken til de alvorlige balletter.

Maleren Bournonville

af

Hanne Westergaard

Det var et ridderslag for August Bournonville, da Adam Oehlenschläger havde kaldt ham digter for hans balletters poetiske indhold, og han benævnte sig da også gerne selv balletdigter. Men kronen på det mål Bournonville havde sat sig kom, da Danmarks dengang største søn, billedhuggeren Thorvaldsen, trykkede ham til sin favn efter at have set Napoli og kaldte ham *kunstner*. Som det ofte er tilfældet med rige begavelser, havde Bournonville mange talenter, bl. a. malede han billeder i olie på lærred. Men det var ikke i traditionel forstand, han ønskede at gælde for maler, det var for sine balletters visuelle komposition.

Bournonville siger (Mit Theaterliv I, kapitlet Mig selv): „Enhver Fortælling fremstiller sig strax levende for min Phantasi med bestemte Physionomier, Costumer og Omgivelser, og det med saa dybe Præg, at naar jeg ti Aar efter læser samme Bog, staaer det samme Billede for mig . . .". Sådan taler den fødte illustrator. Lorenz Frølich, Danmarks store illustrator, brugte så godt som identiske vendinger. Bournonville fortsætter, idet han støtter sig til Noverre: „. . . Alt, hvad der med den fornødne Dannelse kan forstaaes af et Maleri, maa være endnu lettere at begribe ved et mangfoldiggjort Billede, understøttet af Musikkens udtryksfulde Sprog." For at kunne fortælle sine digtninge på denne måde, skulle Bournonville bruge bevægelsen, men han måtte også kende lovene for billedkomposition; han måtte foruden den enkelte figurs veltalende gestus og plastik studere figurgrupper både individuelt og i deres indbyrdes harmoni; og endelig og ikke mindst, farvernes betydning og deres vægt i et maleri.

Det var altsammen noget, de bildende kunstnere lærte gennem års arbejde dør om dør med teatret, nemlig på Det kgl. Akademi for de skønne Kunster, men dèr kunne Bournonville jo ikke sætte sig i lære. Han måtte male, og var dog ikke maler; hans materiale var håndgribeligt mennesker og tekstiler, hans belysning ikke den da herskende Eckersbergske skoles dagklare lys, men rampelyset. Og endnu medens han skabte sit billede, måtte han indgå økonomisk kompromis'er af en størrelse som de virkelige malere aldrig behøvede. Teatret kan illudere meget, men selv illusion har sin pris i kroner og øre.

Trods alle forskelle blev han maler indenfor sit område, „ . . . en Billedrække sammenholdt ved et dramatisk Baand." Hvad lærte han da? Og hvor lærte han det, som han oversatte til scenebilledets malerkunst? Det gjorde han, og dette er vigtigt, på de samme steder, hvor hans publikum kunne lære det: på museer, i udlandet og herhjemme. Og på kunstudstillinger – den årligt tilbagevendende begivenhed var udstillingen om foråret på Charlottenborg.

Bournonvilles balletter adskiller sig fra forgængeren Galeottis ved ikke at vise optrin med symmetriske grupperinger; ved ikke at udtrykke sig i allegorier – skønt Bournonville havde en erklæret svaghed for dem, men måtte indrømme, at hans publikum forstod dem ikke; og ved noget hvori udlændinge så *une poesie toute particulière.* „Og denne Eiendommelighed er intet andet end den romantiske Duft" siger han selv (Mit Theaterliv I). Utvivlsomt har han ment noget ganske præcist med dette udtryk, men hvad det er, undslipper os idag, da vi til gengæld kan sige, at Bournonvilles helt særegne poesi intet andet er end den danske guldalderkunst. Romantik kan være i den store europæiske stil, fransk eller engelsk; den kan være Biedermeier med dennes trygge borgerlighed og sugende længsler. Dansk guldalderkunst lærte af formen og ånden hos Eckersberg og Thorvaldsen, den er selvfølgelig, troværdig, men en engel havde berørt dens pande. Og Bournonville er dansk – selv i rampelys fornægter det specifikt danske indslag i billedkunsten sig ikke.

Bournonvilles billedlige fornyelse både af den enkelte danser og sammenkædningen af flere hører først og fremmest sammen med Thorvaldsens kunst, med hans statuer og relieffer. Det er sandt, at for at forstå Bournonville må man først have forstået det diskret udtrykte, men varme, sensuelle liv i Thorvaldsens figurer, sådan som samtiden forstod det. Thorvaldsens kunst tåler at ses i detaljen, for også den er plastisk fuldendt smuk. Men det er helheden, der gælder. De lange, rytmisk forløbende linier fra isse til hæl; armene, der uddyber kroppens udtryk, og hænderne der samler, afslutter eller bringer videre. Aldrig en linie, der fører ud i intet, aldrig en forgæves bevægelse. Hos Thorvaldsen fandt Bournonville også antikens opfattelse genfødt af dansen som noget helligt, det der indvier livets afgørende begivenheder „. . . men kun ved at følge Musernes Vink og Gratier-

Bertel Thorvaldsen: Musernes dans på Helikon. 1804 Thorvaldsens Museum.
„... men kun ved at følge Musernes Vink og Gratiernes Love blev mine Bevægelser til Dands, min Dands til Kunst" (Mit Theaterliv I)

nes Love blev mine Bevægelser til Dands, min Dands til Kunst" (Mit Theaterliv I, Gratiernes Hylding).

Efter at Bournonville var kommet hjem fra Paris kunne han fra 1834 regelmæssigt se arbejder af Thorvaldsen på Charlottenborgudstillingen, men han havde allerede kunnet begynde at lære dem at kende i J. M. Thieles tekst og plancheværk: Den danske Billedhugger Bertel Thorvaldsen og hans Værker (1831–50).

Bournonville indså tidligt, at „dersom Baletten hertillands skulle gjøre Lykke maatte den ... benytte Øjeblikkets Stemning, og spille bekjendte Themaer og hjemlige Toner" (Mit Theaterliv I, Victors Bryllup 1831). Et kendt og elsket tema for de københavnere, der gik på Charlottenborgudstillingen (og det var ikke få) var det italienske folkeliv. Det afløste de tidligere års italienske arkitekturmaleri; den høje luft blev til Sydens dybtblå himmel, hvorunder livsglæden udfoldede sig med dejlige farver. Også udenlandske kunstneres opfattelse kunne man få at se, bl. a. fordi billeder fra Thorvaldsens internationale malerisamling blev udstillet.

Glæden over Italien nåede et naturligt højdepunkt i 1839, da Bournonville efter Thorvaldsens hjemkomst komponerede Festen i Albano, hvor han „blot efter Beskrivelse og Genrebilleder" gav så illuderende indtryk „at jeg *efter* min rejse ikke ville have kunnet fremstille dem troere". På dette års forårsudstilling havde han bl. a. kunnet se Jørgen Sonnes billede af Romerske Landfolk som drage til

Luigi Fiorini: Romersk osteri med værten som improvisator. 1830. Kopi udstillet på Charlottenborg 1839. Thorvaldsens Museum.

„. . . da jeg paa en deilig Sommeraften, i Selskab med et Antal Kunstnere af flere Nationer, droge ud af Porta Pia til en Vigne, hvor vi sad omkring et Bord . . . traadte som ved et Trylleri, den ene Scene frem efter den anden; Collationen, Dandsen, den geskæftige Vært . . .“ (Mit Theaterliv I, Festen i Albano)

Marked (nu på Statens Museum for Kunst), Albert Küchlers Scene af Familielivet i Albano (tilh. Thorvaldsens Museum) og af udenlandske havde der været Luigi Fiorinis Romersk Osteri med Værten som Improvisator og Francesco Diofebis St. Joseph Festen i Rom (begge på Thorvaldsens Museum). Bournonvilles udtalelse er iøvrigt et vigtigt lille notat om dansk guldalderkunst troværdighed.

Det følgende år, 1840, udstilledes Constantin Hansens Scene på Molo'en i Neapel (Statens Museum for Kunst), Fritz Petzholdts Parti af de pontinske Sumpe med en Flok Bøfler (Den Hirschsprungske Samling) og Jørgen Sonnes Italiensk Bønder som holde Bøn paa den romerske Campagne (gentagelse på Statens Museum for Kunst). 1841 viste Wilhelm Marstrand sin Scene af Oktoberfesten i Rom (tilh.

Thorvaldsens Museum) – men da udstillingen åbnede var Bournonville allerede 14. marts afrejst til Italien på sin seks måneders orlov.

Bournonville var altså vel forberedt til den virkelighed, han nu skulle opleve, og det københavnske publikum var heller ikke ukendt med billedet af Italien. Og dog gav han dem den 29. marts 1842 ved førsteopførelsen af Napoli – ja, hvad gav han dem? Virkeliggørelse af det, de havde drømt, når de stod foran billederne. Napoli blev det aldrig siden overtrufne maleri af italiensk folkeliv. Og så kunne man endda få dage efter gå på årets udstilling og se et billede af Marstrand, hvor en neapolitansk fisker synger til citharen udenfor et par unge pigers vindue, og et parti af Capris sydspids af Christen Købke.

For Bournonville havde denne genre nu kulmineret. Han havde kunnet bruge den, fordi den med sine naturligt komponerede figurgrupper, sin livsglæde var egnet til at overføre til brug for scenen. Malerisk og kompositionelt havde han lært af den, og den var sammen med hans egen blevet båret frem på en begejstringens bølge for Thorvaldsens person. Med tiden blev det en genre, der vel rigeligt betonede det anekdotiske, selvom den stadig frembragte vigtige billeder. Bournonville selv skabte endnu et par italienske billeder, bl. a. Blomsterfesten i Genzano (1858), hvorom han siger, at „netop fordi Balletten fremtraadte uden Fordring paa at være et Kunstværk, fik den *næsten* Lov til at være det" (Mit Theaterliv II).

Som for så mange andre af tidens danske malere blev opholdet i Italien en katalysator for Bournonvilles kunstneriske virke. Han opfattede Neapel som samtiden, livsglæden, folkelivet; mens Rom var alvoren, kunsten, historien. Napoli blev først til, „da jeg sad i Diligencens Coupée mellem Paris og Dünkirken", altså endda efter opholdet i Rom, hvortil han ikke var ankommet som danskerne plejede: nordfra gennem Porta del Popolo umiddelbart til den moderne by. Bournonville, derimod, var sejlet direkte til Neapel og ankom derfor (ligesom Thorvaldsen!) fra syd gennem de pontinske sumpe ad „den ensomme St. Giovanni Port" og forbi Laterankirken, Colosseum og Forum Romanum. Storhedstidens skygger fremhævede således straks i erindringen det af lys og farver strålende Neapel, men ud af skyggerne trådte snart storheden selv og voksede i hans bevidsthed – det italienske folkelivsbillede var i virkeligheden allerede her i Rom et overstået stadium. I Mit Theaterliv giver Bournonville gang på gang udtryk for, at han efter en ny ballet føler at have malet sit sidste bil-

Constantin Hansen: Scene på molo'en ved Neapel. 1839. Udstillet på Charlottenborg. Statens Museum for Kunst.

„Der blev Liv i Havnen, jeg saae de halvnøgne Fiskere med deres røde Huer, jeg troede allerede at høre Tambourinerne: vi stege iland, og jeg lærte at kjende et Folke-færd af en forbausende Lystighed og Originalitet." (Mit Theaterliv I, ankomsten til Neapel 20. maj 1841)

lede. Skønt Napoli endnu ikke havde fået form, følte han sig i Rom nedtrykt som kunstner, men „Rafael løftede mig påny". Rafael blev den anden store besjæler af hans kunst, og var en udvidelse af det, som Thorvaldsen endnu stadig betød for ham. Bournonville knytter, og med rette, de to navne sammen. Hvad han oplevede i Vaticanets Stanzer foran billederne af Peter der udfries af fængslet, og Attila, var noget helt forskelligt fra tidens smag, hvor Thorvaldsen var den beundrede, forgudede – men Rafael Den Guddommelige.

Disse vægmalerier, der illuderer at udvide det snævre værelse med vældige, befolkede imaginære rum (meget lig scenens) var for ham vejen videre frem til det ophøjede, det sande og det skønne. Det, som han ville med sit liv. Og først efter denne oplevelse blev det vulgære Neapel til kunstværket Napoli. Også Rafaels eget liv og det indtryk, Rom havde gjort på Bournonville, blev allerede i Florens til en ballet-komposition, der dog først blev opført flere år efter. Det var hans hjertens, men blev hans smertens barn.

Bournonvilles interesse for billedkunst var både bred og ægte. Om sin romantiske ballet Faust (1832) fortæller han, at „Retsch' (Moritz Retzsch 1779-1857) Omrids understøttede strax det Billede som Göethes Mesterværk havde efterladt i min Sjæl" (Mit Theaterliv I). Og til Kermessen i Brügge (1851) samlede sig mange års indtryk af hollandsk malerkunst: fra gallerierne i Dresden, Amsterdam, Paris og Florens. Bournonville var altid en flittig museumsgæst på sine rejser. Herhjemme var der Moltkes samling og Det kgl. Billedgalleri på Christiansborg, hvortil der var adgang, og hvor der var store, gode samlinger af det 17. århundredes hollændere, som var højt værdsatte både af kunstnere og kunstelskere. Men først efter en aften at have gennembladet Dresdner galleriets pragtudgave stod det pludseligt klart for Bournonville, hvordan hans muntre hollandske genrebillede skulle være.

Fra den tid Danmark og Norge var i personalunion, var der en nær kunstnerisk forbindelse mellem de to lande. Norske malere med J. C. Dahl i spidsen udstillede til stadighed på Charlottenborg, og endnu blev unge norske kunstnere elever på Kunstakademiet i København. Samtidig blev det mere og mere almindeligt, at danske malere fandt motiver i Norge. Det er ikke helt forkert, at der i 1830'rne og 1840'rne var udstillet noget nær lige så mange norske prospekter som italienske scener, og at de var lige så populære.

Også Bournonville rejste nordpå. Norsk kultur og de norske nationale danse var han fortrolig med fra sin barndom, da norsk hørtes omtrent lige så hyppigt i København som dansk. Da han derfor 1840 første gang kom til Norge og så folkelivet i selve den norske natur – der gjorde et uforglemmeligt indtryk på ham – var det på samme tid gammelkendt og inspirerende nyt. „Tolv Aar henrandt, inden jeg for anden Gang besøgte Christiania. Mange Begivenheder laae imellem disse Tidspunkter ... det norske Folkeliv ... havde fundet *en Maler*, hvis fortræffelige Billeder udbredte baade hans eget og hans Fædrelands Navn over hele det kunstelskende Europa. Jeg havde med varm Beundring dvælet ved Tidemands „Brudefærd i Hardanger", hvortil

Wilhelm Marstrand: Lystighed udenfor Roms Mure på en oktoberaften. 1839. Udstillet på Charlottenborg 1841. Thorvaldsens Museum.

„. . . det charakteristiske og farverige Folkeliv fængsler endnu bestandig baade Digtere og Malere, Læsere og Beskuere, og enten Kunsten stilles som Handlingens Kjærne eller kun danner dens Ramme, besidder det italienske Folkeliv et eiendommeligt Trylleri, som Ingen, der har følt dets Paavirkning, kan løsrive sig fra.“ (Mit Theaterliv III)

Landskabet var leveret af den talentfulde *Gude* . . . og jeg fandt et heelt Digt samlet i den ene Baad, der gled henad Fjordens klare Speil. Snart fulgte flere udmærkede Arbeider fra samme Mesters Haand . . . alle mine norske Erindringer fik Liv og Bevægelse, jeg lagde en *Springedands* ind i mine „Gamle Minder“ (1848)“. Citatet (fra Mit Theaterliv II) er vigtigt, men så omhyggeligt arrangeret, at det er nødvendigt at rede trådene ud.

Adolph Tidemand (1814–1876) var en af de unge norske kunstnere, der som elev ved Kunstakademiet i København havde udstillet på Charlottenborg, men som sidst i 1830'rne tog til den relativt nye, men allerede europæisk ansete kunstskole i Düsseldorf, der ikke mindst blev søgt af nordiske kunstnere, kun ikke de danske. Her udvikledes en heroisk folkelivsskildring, der foregav realisme, men dog langtfra var sandfærdig. Dog kunne talentfulde kunstnere bruge den til noget både monumentalt og dramatisk virkningsfuldt, og mange af de norske malere, der tog til Düsseldorf var talentfulde, alle havde de en ung nations begejstring. Tidemand var dertil allerede velskolet i den københavnske tradition for klarhed.

I ti år opholdt Tidemand sig skiftevis ude, hvor han ville uddanne sig til historiemaler, og hjemme hvor han blev den første stolte skildrer af sit lands folk, og det var moderne historiemaleri.

Det er muligt, at Bournonville allerede under opholdet i 1840 kan have stiftet bekendtskab med arbejder af de national-romantiske malere, for „Kunstnernes fødte Ven og Beskytter, vor elskværdige Landsmand Johan Dahl" var nemlig dels særdeles opmærksom overfor danske på besøg i Norge – således også H. C. Andersen – dels medstifter af Kunstforeningen i Christiania, som især støttede denne kunstretning. Men i 1840 var der endnu ikke mange eksempler at fremvise.

Tidemands og Gudes billede Brudefærden i Hardanger er først dateret 1848, og blev dette forår vist som *tableau vivant* i Düsseldorf. Tableau'et blev gentaget i Christiania det følgende år ved en navnkundig aftenunderholdning, hvor kunstarterne satte hinanden stævne. Brudefærden var aftenens slutning og clou, iscenesat af Tidemand selv og med musik af Halfdan Kjerulf og et digt, udsat for korsang, af A. Munch.

Men i 1848 og 1849 var Bournonville hverken i Düsseldorf eller i Norge. Alligevel var det 1849 han og det københavnske publikum for første gang kunne se et repræsentativt udvalg af den nye norske malerkunst, idet der blev afholdt en norsk kunstudstilling med Tidemand og Gude som hovedfigurer. Den fandt sted på Charlottenborg fra 15. juni til 12. juli, var til hjælp for de såredes og faldnes efterladte, blev besøgt af 4166 personer og gav en indtægt på 480 Rbd. 26 malerier var udstillet, deriblandt 4 af Gude og 6 af Tidemand – samt Brudefærden i Hardanger. Her var tidspunktet for Bournonville til at få sine norske erindringer genoplivet, og for publikum, der jo allerede var godt bekendt med norske prospekter, til at blive yderligere motiveret for Springdansen. 1851 fulgte Charlottenborgudstillingens bidrag til skandinavismen med en særlig afdeling svenske og 13 norske malerier – overvejende af den national-romantiske retning, hvoriblandt Tidemands kendte Katechisationen i Hitterdals kirke. Året ef-

Adolph Tidemand og Hans Gude: En brudefærd i Hardanger. 1848. Udstillet i København sommeren 1849. Nasjonalgalleriet i Oslo.
„Jeg havde med varm Beundring dvælet ved Tidemands „Brudefærd i Hardanger"
. . . og jeg fandt et heelt Digt samlet i den ene Baad, der gled henad Fjordens klare Speil." (Mit Theaterliv II)

ter (sommeren 1852) var det så, at Bournonville genså Norge, vakte furore med Springedansen og straks efter sin hjemkomst komponerede balletten Brudefærden i Hardanger. Gjorde furore med den i København 1853, men fik samme sommer en af sit livs bitre skuffelser, da nordmændene hverken havde ænset den eller agtede den. „Jeg havde glædet mig til at gjelde for Maler og Digter, og man saae kun i mig den dygtige Dandselærer".

Hvorfor mon? måske fordi den norske Springedans blot var blevet en endnu mere imponerende dans i Bournonvilles version. Men Tidemands billede af Brudefærden var det noget andet; det var allerede et begreb og, takket være det af norske muser omsvævede tableau, også ved at blive et nationalt klenodie – og dem skal fremmede ikke pille ved.

Men to opfattelser af Brudefærden i Hardanger blev altså vist på scenen, og det er i denne forbindelse det interessanteste ved det norske national-romantiske malerskole, at den havde så eminent sceniske egenskaber. De stort komponerede, udtryksfulde figurgrupper og de dristige belysninger, snart grelle snart mystisk skumrende, kunne ikke andet end gøre indtryk på et teatermenneske. Den eneste danske maler, der var inde på noget tilsvarende, var Bournonvilles gode bekendt Jørgen Sonne.

På denne tid, omkring 1850, lå Bournonvilles stil også som „maler" naturligvis forlængst fast. Om radikale ændringer vil der ikke være tale hos en mand, der har passeret de 45, men nok om nye impulser, og mens hans kærlighed til ældre kunst aldrig ophørte, bevarede han dog også altid et vågent blik for, hvad den samtidige kunst kunne give. 1860'rne bragte en ny bølge af nordisk mytologi. Valkyrien (1861) og Thrymskviden (1868) havde et vidtforgrenet rodnet, men netop 1868 blev udstillet en række pennetegninger af den nyligt afdøde maler L. A. Schou, med emner fra den nordiske mytologi.

Bournonvilles besøg på Erimetage museet under rejsen i Rusland 1874 er karakteristisk for hans fordomsfrie kunstglæde. Han nød van Dyck og Velazquez, Rembrandt og Murillo, men noterede sig også navnene på nyere russiske malere (Mit Theaterliv III 3). Især gør han noget ud af at „En genial genremaler er ganske nylig fremstaaet i en ung Lieutenant ved navn *Verischakin*, der fra Felttoget i Khiva havde medbragt en heel Række større Billeder, fremstillende Krigsepisoder og Scener af hiint Lands Folkeliv; de vare udstillede i et særegent Locale med en Belysning som i et Diorama og af en vidunderlig slaaende Virkning." Vassily Vereschtschagin (1842–1904) berejste senere Europa med sine billeder og kom også i 1880'rne til København. Han var stærkt feteret og en udpræget malerjournalist. Det er slet ikke utænkeligt, at hans fantastiske udstilling kan have givet Bournonville både lokalkolorit og nogle stemninger til Fra Sibirien til Moskva.

Kunstneren mellem oprørerne

af

Erik Kjersgaard

Den 17. september 1838 løb fregatten *Rota* ind på Københavns rcd
medbringende billedhuggeren Bertel Thorvaldsen og hans værker.
En tordenbyge vandrcde under lynen og buldren forbi, men trak hastigt bort og efterlod en perfekt regnbue, der hvælvede sig over fregatten. Fra hundreder af småbåde og inde fra land skyllede jubelen
den hjemvendte verdensberømthed i møde.

Blandt de jublende var den 33-årige August Bournonville, der her
hyldede den ene af sine „åndelige fædre". Den anden var digteren
og dramatikeren Adam Oehlenschläger, som også deltog i modtagelscn. Bournonville var dybt grebet af øjeblikket – af det storslåede sceneri, der tiltalte teatermanden i ham, af den anerkendelse, der blev
geniet til del, og af det historiske vendepunkt, han her fornemmede.
Han så og hørte sine landsmænd give udtryk for et stort fællesskab i
dette vældige følelsesudbrud, og han tolkede det korrekt. Han forstod, at denne septemberdag betød afslutningen på den lange økonomiske og psykiske depression, der havde ramt Danmark så hårdt
under Napoleonskrigene. Han begreb, at denne hyldest nok gjaldt
Thorvaldsen, men især var et afløb for forventninger om noget andet
og mere – en fremtid meget forskellig fra gårsdagen.

Som kunstner var Bournonville en ætling af „den danske guldalder"
– denne småborgerlige epoke af biedermeyer-idyl, der trivedes i fyrst
Metternichs rekonstruerede Europa, hvor der politisk set var trangt
mellem væggene; men hvor de kulturelle udfoldelser gav stor loftshøjde. Han var en romantiker, der overlevede romantikkens blomstring med mere end menneskealder; men som *borger* gjorde han hele
sin samtid med. Gennem fingerspidserne fornemmede han det kommende opbrud i 1838, og da man i 1845 afholdt det første nordiske
studentermøde i København, hørte han de svage undertoner samle sig
til en brusende symfoni. Bournonville var selv til stede ved festen i
ridehuset på Christiansborg, hvor den nationalliberale leder Orla
Lehmann under kaskader af hyldest tog de „nordiske brødre" i ed og
lod dem sværge, at de under et kommende opgør med Tyskland ville

73

stå Danmark bi. Han fandt stemningen „intet mindre end revolutio-
nair".

Bournonville, der vel indtil da ikke havde kendt andre politiske
holdninger end den forventede undersåtlige loyalitet, blev liberal,
eller rettere: han lod sit stemningsbetonede sind rive med af de strøm-
mende og svulmende følelser. Tiden blev påny dramatisk og hand-
lingsmættet, hvilket betog ham, og selv om han inderst inde nærede
en instinktiv modvilje mod liberalismen som sådan, gav den *national-
liberale* bevægelse ham sikkerhed, for patriot havde han altid været.
Da udfordringen kom i sin dobbelte skikkelse – det tysk-liberale oprør
i hertugdømmerne Slesvig og Holsten og det nationalliberale i Køben-
havn i marts 1848 – kendte han sit ståsted. Dansk var han i hvert fald,
menigt medlem af det frivillige Livjægerkorps – dansk soldat af eget
valg.

Han elskede Livjægerkorpset og fik en ballet ud af det. Han elskede
også de store folkefester og anvendte dem gerne som maleriske indslag
i sine balletter; men hidtil havde han kun deltaget som tilskuer. Nu
forlod han omend tøvende den trygge scene og de vante kulisser for at
forsøge sig i virkelighedens verden som medarrangør. Det var ikke
hans egen idé, han blev nærmest trukket ud i manegen. I foråret 1849
var Jylland besat af preussere og slesvig-holstenske tropper. Stemnin-
gen i hovedstaden var dyster; men man nedsatte dog et udvalg, som
skulle indsamle penge til den krigsramte jyske civilbefolkning. Man
stilede mod et beløb på 3.000 rigsdaler, men et udvalgsmedlem –
kunsthandler M. Bing – spurgte: hvorfor ikke en folkefest, der gav ti
gange så meget?

Alle snappede efter vejret – og rullede ærmerne op! Man planlagde
et tredages marked i Kongens Have, den eneste offentlige park i dati-
dens København. Der skulle være tombolaer, beværtertelte og forly-
stelser af enhver art, som kunne give penge, og hertil scenerier, der
appellerede til patriotismen. Bournonville blev begejstret; alle blev
begejstret. De københavnske håndværkere ofrede deres fridage og fik
boderne op at stå. Hæren bidrog med et tempel, hvor den folkekære
kong Frederik den 7's buste strålede i en glorie af blankvåben, og flå-
den rejste agterspejlet af et krigsskib. Det hjalp på humøret, at mel-
dingen om den store danske sejr ved Fredericia indløb midt under for-
beredelserne; men som Bournonville ræsonnerede, måtte alvoren
også finde sin plads – sorgens tårer blandes med glædens. Han udså

74

Edvard Lehmann: Fra „Markedet i Rosenborg Have til Fordel for de betrængte Jyder" 16–17–18 august 1849. Akvarel, originalens mål: 5 × 4 cm. Privateje. – Dette er en af ialt 8 akvarelprospekter fra denne fest. Kunstneren hæftede dem sammen til en lillebitte bog „Tegnebog for Dukker", som han forærede Augusta Bournonville.

sig passende steder i parken, hvor en „enkelt Gran, en Hængeask eller en Taarepil" stemte sindet til eftertanke, og her opstillede han bautastene og skjolde med navne på de faldne officerer garneret med flag.

Midt på Rosenborg eksercerplads rejste man en estrade omkring en skibsmast med takkel og tov, og her overværede man Bournonvilles mest personlige bidrag til festen. H. C. Lumbye slog an til sin polka *Hilsen til Jylland*, teatrets små balletelever dansede ud i en husardans, hvorefter orkestret intonerede *Holmens faste Stok* – Hornemanns flådemarch, som akkompagnerede drengene fra Nyboder, der myldrede op i vanterne og mandede ræer.

Det var teatralsk, så det baskede; men det gav penge – 65.000 rigsdaler, det dobbelte af, hvad kunsthandler Bing havde forestillet sig, og da man i august 1850 bad Bournonville om at arrangere et *Høstmarked* i Kongens Have til fordel for dem, der havde mistet deres forsørgere i slaget ved Isted, var han straks parat. Exercerpladsen var dekoreret med 32 obelisker kronet med flammende urner, og der blev opført orkester- og korværker af J. P. E. Hartman, Niels W. Gade, Henrik Rung og H. S. Løvenskiold. Ingen sparede sig.

Tilfældet ville, at Bournonville kom krigsbegivenhederne meget nær. Han opholdt sig i Slesvig, da slesvig-holstenerne forsøgte at stor-me fæstningen Frederiksstad – treårskrigens sidste krampetrækning. Han ilede derhen, fandt en tredjedel af byen i ulmende ruiner, en civilbefolkning, der syntes uanfægtet, og den allerede legendariske kommandant oberst Hans Helgesen. Åh, hvilke krigere – „hvem vilde ikke gøre alt Muligt for dem?" sukkede Bournonville henrevet, og da Københavns kommune få måneder senere skulle modtage sin hjemvendende garnison, foreslog Bournonville intet mindre end en fest i Valhalla som belønning til de sejrende – et kæmpernes drikkelag med Odin. End ikke Oehlenschläger, der nu var død, kunne have fundet på noget bedre.

På kun tre dage skulle ridehuset ved Christiansborg omdannes til en martialsk festsal – endda i januar, da improvisationen ikke lod sig sløre af bøgeløv. Teatermaleren Edward Lehmann skitserede interiøret, hærens rustmestre dængede vægge og balustrader til med våben, og to billedhuggere tryllede med jernstænger, halm, shirting og gibs og fremstillede kæmpestatuen *Danmark, der rækker kransen til sine tapre forsvarere.* Men så var rammen også skabt for tretten festbanketter og 15.000 flasker brændevin – én pr. mand.

Man har sagt om den veltalende Orla Lehmann, at han „drejede de formens gyldne bægre, hvoraf danskheden i disse dage drak ordets styrke." Men kan med lige så stor ret sige om August Bournonville, at han blev grundlovens og treårskrigens festarrangør og iscenesætter, og han kan i denne egenskab udmærket sammenlignes med maleren J. L. David, der ikke nøjedes med at afbilde den store franske revolutions skelsættende begivenheder – *Eden i Boldhussalen* m. v. – men også tilrettelagde de revolutionære fester, skabte dekorationerne til dem, ja endog gennem de trykte programmer instruerede publikums spontane reaktioner, motiverede alle for at fælde en stille tåre ved „oldingenes optog" og lyse op i smil ved „børnenes optog". Helt så vidt gik Bournonville vel ikke. I modsætning til David behøvede han ikke at fremprovokere stemninger, men kunne nøjes med at kanalisere følelser, der fandtes i forvejen. Og i modsætning til David, den fanatiske jacobiner, var Bournonville kun en halvhjertet dansk revolutionsmand, stadig mere national end liberal. De talrige komité-møder med de „nys indførte parlamentariske Former" huede ham ikke. Han der tilstræbte harmoni i kunsten såvel som i tilværelsen følte sig ilde berørt, når nogen sagde „Ubehageligheder", og han var ikke udelt lykkelig, da han præsenterede sine balletelever i Kongens Have „*i fri*

C.W. Eckersberg: Thorvaldsens ankomst til Københavns rhed 17. september 1838.
1839. Thorvaldsens Museum.

luft og for et Publicum af flere tusinde Tilskuere! I en modnere Alder
vilde en saadan Optræden have været stødende for deres Begreber om
Kunstens og Scenens Værdighed."

Han var balletmesteren, der både trivedes og vantrivedes ved
l'ancien regime, nød dens kunstneriske frihed, men også fik dens vil-
kårlighed og unåde at mærke. Han havde en dragning mod „folket" –
fyldte sin scene med neapolitanske proletarer, følte sig endda vældigt
oplivet af „Almeenaanden", og da han i Kongens Have hørte bøn-
derne kalde balleteleverne for „Guds smaa Engle", smeltede han sim-
pelthen og blev overbevist om, at fester arrangeret *for* folket dog
aldrig kunne måle sig med de fester, folket selv arrangerede. Men som
billedhuggeren i Poul Martin Møllers digt *Kunstneren mellem Oprø-
rerne* oplevede han i grunden forholdet mellem kunst og virkelighed
som en uløselig konflikt. Æstetikeren August Bournonville forblev
konservativ, medens den københavnske borger af samme navn mar-
cherede med borgerskabet.

Treårskrigen flyttede hele det danske samfund flere skridt til venstre; det nationalliberale, akademiske eliteparti gennemførte en grundlov langt mere demokratisk, end man skulle have troet det muligt, for hvem kunne nægte heltene, de skæggede, rødmossede landsoldater, stemmeret? Bournonville svingede også til venstre – og holdt kursen. Da man i 1854, i femåret for junigrundloven, ville arrangere en særlig storslået grundlovsfest i København, meldte han sig atter.

Men de klare, rene linjer fra krigens tid eksisterede ikke mere. Kunne grundloven overhovedet overleve? Nu regerede det konservative ministerium A. S. Ørsted, der havde til opgave at normalisere forholdet til hertugdømmerne og gøre det på betingelser, foreskrevet af stormagterne Preussen, Rusland og Østrig. Det reaktionære Europa, der havde kvalt sine egne revolutioner i blod, tårnede sig op som en tordensky. Man ventede sig alt af A. S. Ørsted – til og med et statskup. Under de omstændigheder lignede enhver grundlovsfest en demonstration.

Bournonvilles familie var bekymret og bad ham holde sig væk; men det gjorde han ikke. Var det civilcourage eller manglende politisk instinkt, der drev ham? Han indrømmede siden, at hjertet sank i livet, da han kom til det berammede udvalgsmøde, hvorfra halvdelen af de indbudte var udeblevet, og han vidste ikke rigtigt, hvad han skulle mene om I. A. Hansens tilstedeværelse. Den forhenværende skomager fra Rudkøbing, der førte sig frem som en radikal folketribun, underklassens bidske terrier, var næppe passende selskab.

Man fandt et påskud for at komme uden om ministeriet og søge audiens hos Frederik den 7. på Frederiksborg. Den joviale majestæt slog som sædvanligt ud med armene, tilsagde tanken om den store grundlovsfest sin uforbeholdne støtte – og flygtede skræmt, da man udbad sig hans tilstedeværelse. „Den dag tilbringer jeg altid alene med min Gud og min hustru," udtalte han kryptisk.

En københavnsk grosserer overfaldt Bournonville personligt: hvad var meningen med at fejre en grundlov, der var så godt som død? En henvendelse til hæren om at få stillet musikkorps til rådighed blev afvist; opfordringer til de kendte digtere om at forfatte en kantate gav intet resultat. Alle syntes at ville vende grundloven ryggen – både regeringen selv og dem, der frygtede eller bare hadede regeringen. Midt i pinagtigheden opdagede Bournonville imidlertid, at I. A. Hansen både var et mandfolk og en god kammerat, og at Hansens småborgerarmé af københavnske håndværkere ikke svigtede. De drog i tusindvis

David Monies: Episode fra soldaternes indtog i København 1. september 1849, foran Helligåndskirkens port. 1850. Det nationalhistoriske Museum på Frederiksborg.

ud til Eremitagesletten, for af frygt for optøjer turde man ikke feste i selve byen. Man samledes omkring en enormt høj søjle prydet med Frederik den 7's kolossalbuste; han havde ikke fortjent det, men var nu engang et uomgængeligt symbol. Der *var* en kantate, skrevet af en ret ukendt sognepræst, og to borgervæbningskorps leverede musikken. Politiet forbød i sidste øjeblik et planlagt fyrværkeri; det ville

Festen i Ridehuset i februar 1851 for de hjermvendte soldater. Københavns Bymuseum

skræmme dyrene, hed det sig. Men i den ene ende af festpladsen spillede et orkester nationale melodier, og i den anden ende dansede man polka. Det blev en udmærket grundlovsfest.

Der er noget næsten rørende ved Bournonvilles politiske karriere, som altså førte fra den mere uforpligtende nationale festrus under krigen til nært samarbejde med den radikale I. A. Hansen, og det er al beundring værd, at han i 1854 stod ved sit tilsagn, uanset om han var kommet til det med overlæg eller af vanvare. Men han blev ikke stående her. Kort efter den famøse grundlovsfest skulle Bournonville til Wien for at sætte en ballet op og fik et praj om, at hans flirt med venstrepolitikere ikke ville gavne ham. Det var kun et par år siden, den kejserlige regering med nød og næppe havde slæbt vraget af det faldefærdige monarki over skæret under slagordet „Gegen Demokraten helfen nur Soldaten", og man kendte ikke til tolerance.

Bournonville aflagde da en visit hos den østrigske gesandt i København og gjorde sit yderste for at efterlade et godt indtryk. Han fremstillede sig selv som en lidt tomhjernet maitre de plaisir, fuldstændig ufarlig – en „politisk nullitet". Vandringen til Canossa lykkedes; han *kom* til Wien, og på længere sigt var han faktisk færdig med politik. Æstetikeren sejrede over borgeren.

I 1859 – 200-året for svenskernes mislykkede storm på København – arrangerede han en folkefest, som formentlig ikke kunne støde andre end nærtagende svenskere, og ti år senere, da kronprins Frederik – siden Frederik den 8. – hjemførte sin hustru Lovisa fra Stockholm, gjaldt det atter en kommunal fest i Kongens Have. Der var dansk-svenske dekorationer, buster af fremtrædende nordboer, illumination med gasfakler, en kæmpestatue af H. V. Bissen og musik ved Bournonvilles gamle medarbejder H. C. Lumbye; men det danske klima lod arrangørerne i stikken. Det øsede ned, hver anden fakkel var slukket, Lumbyes spillemænd kunne kun aftvinge hornene nogle underlige, gurglende lyde, og de kongelige vandrede fuldstændig gennemblødte gennem brusebadet. Alene det afsluttende fyrværkeri fungerede, som det skulle.

Bournonville var dog ganske godt tilfreds med sin sidste store folkefest. Vejret havde ansvaret for fiaskoen, hvis det var en fiasko; men kongefamilien havde spillet sin rolle beundringsværdigt. Bournonville måtte som teatermand yde præstationen fuld anerkendelse; han nød den simpelthen – denne værdige og dog skødesløse slentren, disse udbrud af genkendelse, den på én gang forbeholdne og dog utvungne konversation til højre og venstre – midt i et skybrud!

Efter sin liberale manddom blev han en aldrende Højre-mand, og heri var der for så vidt intet mærkeligt, for det blev næsten alle de nationalliberale efterhånden. Den unge Bournonville drømte om vikingetid og middelalder, om helte og stordåd; den gamle mand nøjedes med at drømme om sin ungdom i Frederik den 6's tid og med at glæde sig, når han så, at *stilen* stadig holdt. Kunstneren mellem oprørerne genfandt sit hele jeg i æstetikken, da oprøret skuffede og bare blev til „Materialisme".

The World of Bournonville

by

Svend Kragh-Jacobsen

A hundred years ago August Bournonville died, convinced that his life-long efforts in the realm of ballet would soon be forgotten. He did not think that his work would survive him for very long. However, he did hope that his labours for his art and its performers would last beyond his own time. It must be kept in mind that he grew up at a time when ballet, at best, was a feast for the eyes and a pastime. When a female dancer was synonymous with a courtesan, and when the male dancers were soon degraded into mere supporters for the beautiful ladies. It had not been like that in the generation before his. In ballet's first centuries, the men had been the gods of the art of dancing. It was only with Romanticism – officially inaugurated by the first performance of "La Sylphide" in 1832 – that the female dancers not only took over the lead from the men, but virtually exiled them from their art. At the turn of the last century the male dancer was little but a dizzy "skip-and-jumper". Only in two places in the world had he to some degree asserted his position. In pre-revolutionary Russia, with its strong tradition for male dancing. And in Denmark, where for half a century Bournonville had fought like a lion for his art, his artists, and for male dancing.

For generations ballet was but decorative garnishing in the great opera-theatres. Where leaders of genius – like Petipa in Sct. Petersburg and Bournonville in Copenhagen – succeeded to a certain extent in keeping their position, a very few, if choice, personalities of the art world took dance as an art seriously, and considered dancers as other than light-footed artistes.

In the late 1820s Bournonville returned to Copenhagen after his years of training in Paris and his first soloist season in London, firmly resolved to make his art respected in the small kingdom of Frederik the 6th's Denmark. Copenhagen counted upwards of 120.000 inhabitants when, in 1829, Bournonville signed a contract with the theatre in Kongens Nytorv with the actual assistance of the king, to whom the theatre belonged. It was not always an easy fight for the fiery-tempered artist, but he persisted, and never gave up. On the contrary he remained till the end in the front ranks of the battle for the art to which he devoted his life, and which he considered as meritorious as any other theatrical art. Even more. With his fathers words ballet was "la plus glorieuse carrière du monde".

The personality of August Bournonville encompassed all the qualities of a dancer. As a young man – and right up to the age of 43 when he freely retired from the stage in 1848 – he was the outstanding ballet artist of the Royal Theatre. He possessed an excellent technique, a wonderful talent for mime, and the stage presence which is of paramount importance. Alright, he did not belong to the elite of his art – the *serieux* dancer – but he left nothing to be desired as a *demi-caractère* dancer as can be seen from the number of principal parts he created for himself, ranging from "Soldier and Peasant", which gave him the opportunity, as far back as 1829, to show one of his specialities "the mimed monologue" to the concluding parts in the spring of 1848, as Alfonzo in "the Toreador" (21st March) and the title role of "Valdemar" (31st March, 1848, his last performance as dancer at The Royal Theatre). Both were parts which let him combine his physical virtuosity with his rare gift for mime. At the same time the characters range from Danish royalty to fiery Spanish temper.

Dancers are often limited by the fact that their profession demands such physical concentration that only a very few find the time for other arts, let alone literature. They lead their lives, of course, but their active years, which start already when they are children, are stamped with their profession. Rarely do dancers find the strength to participate in anything beyond their daily life and career.

But Bournonville was one of those rare ones, who during his lifetime felt a citizen of the world, newer questioning the fact that he was, above all, a Dane – in speaking as well as writing. And even on an international level he is one of the most prolific writers among the children of Terpsichore. It is well deserved, therefore, that now, a hundred years after his death, he has achieved the worldwide recognition which, at his death, he had long ceased hoping to gain. Actually, he thought that even in his mother country his works would fade away and disappear from the Danish stage. To-day they are danced throughout the world, and he is personally celebrated by this retrospective exhibition simultaneously with the performance on the

86

stage he himself helped design in 1874 of about ten of the ballets he created for it.

By birth Bournonville was a world citizen. His father, Antoine, was born in Lyon, 1720, and seems to have been of pure French descent, but grew up in Austria, France and England, in 1782, he was summoned to Stockholm, from where a decade later he left for Copenhagen. Here he was employed in 1794, and retired from his post as ballet master in Copenhagen, 1823, remaining alive in Fredensborg until 1843. With his Swedish housekeeper, Lovisa Sundberg, he had the son, August, but they did not marry till the was eleven, in 1816, when Antoine's relations must be legitimated, when he was appointed chief of the ballet of The Royal Theatre in Copenhagen. Thus there wasn't a drop of Danish blood in the veins of August Bournonville. And yet he acquired an early taste for Danish art – even outside the theatre – and after his return from Paris his sense of belonging with the leading Danish cultural personalities increased. Adam Oehlenschläger became his ideal poet. Bertel Thorvaldsen supplied his ideal classic plasticity. And Hans Chr. Andersen became his friend and spiritual equal where imagination was concerned. His inherent ardour was felt in everyday Danish life. He even wrote about non-theatrical matters, lending his support among other items to the invalids of The Schleswig Wars in frequent contributions to the newspaper debate of the day. Apart from this he was an amateur musician and painter.

But to Bournonville there was definitely a world outside Denmark. He stayed in touch with friends of his youth, not least Jules Perrot in Paris. He made a habit of spending his holidays in the big cities where art flowered, without neglecting our neighbouring countries which gave him a lot of pleasure and inspiration. The youthful art of Norway influenced him, and he made friends and carried out a lifelong correspondence with prominent Swedes. In his years of dancing he went as far abroad as San Carlo in Naples where he spent his enforced holiday in 1841 and found inspiration for his most popular work, the ballet of "Napoli".

France was always very close to his heart. French was his second language which he went on using in letters to his father. Paris contained memories of those youthful years in Paris about which – despite much candour about ballet and theatre affairs – he was never totally frank with his people at home. This was where he had had his first romances and his first victories, and he remained constant in his relations with those early Paris friends – as appears from his voluminous memoirs. But apart from Danish, his own, and French, his father's tongue, he also mastered the Swedish language. Sweden was originally his mother's country, and later he found his wife there, Helena Frederikka Håkansson, whom he married in 1830, and who survived him by twenty years. As a young dancer he performed successfully in several Scandinavian cities on tour in Sweden and Norway with other young dancers from The Royal Theatre. But his connections with Swedish cultural life were first established in 1857 and 1858, when he mounted a number of his works as a guest choreographer for the Stockholm Opera where his pupil, Sigurd Lund, had become ballet master in 1856. This link was strengthened when for three seasons, starting 1861, he was managing director of the Opera. Swedish theatre historians have certified that his influence was considerable – in the direction of operas as well as in the essential style of the performance of drama. This benefited from his acquaintance with the "realism" which was already apparent in the French theatre at the middle of the century, and carried Sweden abreast with the acting style of the Continent.

As a theatrical capacity Bournonville was as international as his heart was Danish. And he gave proof of his lasting versatility when, following a visit to Munich in 1869, he staged Wagner's "Lohengrin" in Copenhagen, 1870. A few years later he was honoured with the Ancher scholarship which he spent on travelling. First a trip to Italy which had been depicted in so many of his ballets, and never ceased to inspire him, succeeded by an impressive project for the nearly 70-year-old ballet master: he wanted to see for himself the ballet in Sct. Petersburg which had gained such a reputation under the direction of Marius Petipa. They had first met in Paris. Since 1862 Petipa had been head of the ballet of the Imperial Maryinsky Theatre. Lest he should be silenced there Bournonville took Russian classes and reports that he could cope reasonably well when Petipa greeted him welcome. The repertoire of the Maryinsky, however, did not quite suit Bournonville's taste. The staging was certainly gorgeous, but the ballets were deficient in spirit, and in the nature and logic of their plots. This opinion was supported by the up-coming reformer of international ballet, Fokin, when after the turn of the century, he settled for a new spirit in the Maryinsky repertoire. With Diaghilev he contributed to its world-wide success in this century.

August Bournonville was born in 1805 in a lying-in hospital in the old part of Copenhagen. He worked for the Danish National Theatre for fifty years in addition to his original training there. His youth was spent in pursuit of international fame, but he returned to his native country which offered him the best opportunities for reaching his goal: to obtain respect for the art for which his genius was designed. Copenhagen compensated for world-wide recognition during his lifetime, although his contemporaries saw to it that his life was not always a bed of roses. But Bournonville stayed on, and as our national choreographer won a great many victories based on the French school of Vestris, and an internationally flavoured repertoire. However, his greatest triumph came posthumously, as the world in which his heart and imagination roamed, and which provided the setting for his ballets, a hundred years after his death in 1879, recognizes him as one of the great men of his art. The world of Bournonville is now the whole of the world, west and east, where ballet is performed. Where ballet is studied and long since accepted as the equal of other arts, which increasingly incorporate the ballet. In his heaven Bournonville may rejoice that his world is in steady growth.

Bournonville's romantic vocation

by

Niels Birger Wamberg

August Bournonville is the author of a sentence which rings almost like a Hans Christian Andersen line: "I wish to be remembered". But should he not be allowed to rear his lion's head and draw attention to his value? His life was harassed by the fact that the essence of the art of ballet appeared so very futile, and despite his confessed pride in the painters' and poets' acknowledgment of him as a fellow spirit, his passionate fire and enthusiasm could not conceal the conviction that the poorest and humblest among them would leave more behind than he could ever hope to. This, however, was not to come true. Master Bournonville had contrived to find substance in futility, and while his spirit kept his compositions afloat on the air, they still remained weighty. This temperamental worshipper of beauty who turned on his heel whenever a whim of fashion threatened to contaminate his work or bridle the individual judgment of his audiences, made his leap into immortality across the gap of new times and new customs. But as his talent for strategy and intrigue was slight, he would presumably have marvelled that a majority of his ambitious dreams were fulfilled: "For man's happiness on earth always contains a desire and a longing; death in the arms of fame is the utmost goal to which the hero and the artist can aspire."

Bournonville was that rare combination: a hero and an artist. Cowardice was alien to him, his instincts were full frontal, and from his earliest childhood his nervous system had been controlled by artistic perseverance and vanity. Art as mere display filled him with contempt. He snarled at the virtuosos who defaced ballet by pirouetting to stun. He did not wish to amaze but to unite the natural with the beautiful. In the terms of his own innocence he was a perfectly straightforward person. But thwarted he would buck and be difficult. All told he was a provident theatrical politician fighting for decent pension-schemes, staff influence (as long as he got the last word), the establishing of a school for ballet students, and an artist who protected himself against any trendy attack upon his standards.

90

From the start his mind was set to use his tenacity and his vocational sense of duty and spirit to gain for ballet, i. e. *the expressive art of dancing*, its rightful place among the fine arts. As a proud patriot – with a French father and a Swedish mother – he invested no less than his rank and standing as a citizen of his country. He refused to be ashamed of his profession.

Bournonville directed his love at mythology, allegory and the heroic. He was a staunch and untiring idealist in his field, and as an artist he was determined to stay suitably clear of the sensual. Desire should be refined, or in any case transferred into some sort of apotheosis at the hands of this singleminded monarch – a truly heroic approach. He kneeled courteously before his goddesses, the graces, who in his catechism were "called to polish and embellish our customs." He defended bravely and wisely his art against the extravagances of the outside world, which, especially the Gallic on which he had even been raised, were vertiginously inclined towards the unchaste, the secretiveness of romanticism which nonetheless functioned most smoothly precisely by way of its exposures.

In the 1800s he informed Johan Ludvig Heiberg, the director of The Royal Theatre, that the distinction of Danish ballet was not primarily to be found in its dealing with Nordic subject matter as much as in the lack of lascivity in the dancers' constitution as well as in their individual performances. Although these two aesthetes were constantly falling out, the disgust of the court ballet master with obscenity looked almost like a concession to the councillor of state who (like Helmer in *A Doll's House*, 1879, the year of Bournonville's death) was appalled into waspishness whenever he happened to brush ugliness in passing. Yet, to him, Bournonville was too extravagant, too unsymmetrical, if you like. He failed somehow to place him in his system.

When, in December 1871, late in his career, Bournonville added his friend, Hans Christian Andersen's fairy-tale *The Steadfast Tin Soldier* to his picture book of ballet his endeavours to elevate were as persistent as ever. The supporters of frivolity were not given a chance to mistake grace and lightness for dissolute frolics. But "even Andersen's little paper doll with her raised leg has a hint of the frivolous, and I felt obliged to give Andersen's steadfast tin soldier a worthier object of his affections."

As a ballet artist Bournonville created romantic, divine harmony out of partially demoniac chaos, steering clear of "the excesses of romanticism" which in his opinion always aimed at the demonic. He regarded Mephistopheles as haughtiness personified in Faust who brought about self-destruction by preferring the sensually secure to the spiritually insecure. And thus he depicted Faust, the struggler, in his ballet of 1832 – the work which has "made my name as a ballet poet and given Danish ballet its actual consistency". Bournonville was not tempted to offer his soul to the powers of evil. *Not merely for Pleasure* was as much the high-aspiring Bournonville's educational instrument as the motto of The Royal Theatre.

His imaginary world was an apology for truth, beauty and goodness, the romantic triad which Hans Christian Andersen, the devil of a teaser, in his nihilistic fairy-tale *The Shadow* changed into a lethal disharmony. But as a theatre worker and a polemic Bournonville needed to fortify himself with a certain amount of idealism put into practice: "I have gained for ballet a respectable position in the realm of art", he wrote in 1847, "and made it an ornament for the stage where I have seen it scorned and neglected". This is a dictum formulated with the very self-esteem of Holberg in the preceding century, when, with himself as a mouthpiece, he declared that as a pedagogue he had re-cast the common people of the Scandinavian countries in a different mould.

August Bournonville was the person who gave dance in Denmark its own face. "My real vocation is for the romantic", he declared undramatically, and foreigners found that the distinction of his national ballets was their romantic flavour. Bournonville stood flanked by those almost mythical, monumental figures in art, Oehlenschläger and Thorvaldsen. They were at once the inspiration of his Nordic fantasies and the guarantee of the harmonious evolution of romanticism. In a rhymed letter Oehlenschläger had called him a *poet* – to Bournonville no less than a certificate of the legitimacy of the art of ballet.

Bournonville suspected that the Nordic element in his talent as a dancer and ballet poet might not achieve total recognition in the France that had formed him in the 1820s. Yet he realized that Mediterranean colourfulness and possibly even a few drops of Southern blood could successfully be transferred to the otherwise temperate

Scandinavia. He furnished Danish theatre with a repertoire in which every noble emotion was admissible as long as it was motivated. His flair for attracting audiences with *panache* enabled him to outshine both Galeotti and his own father. He abolished the statuesque and lent loving life to movement.

"Seeing Bournonville dance was a true spiritual delight", testified Goldschmidt with appreciation of the way the contents of the dance and the music was one with the form. Meanwhile the Philistines were busily spreading their materialism and mocking Bournonville's versatility. His somewhat exalted singlemindedness barred him from comprehending that some people did not understand him. In 1850 it occurred to him to compare his "futile work with that of a gardener", and when Hans Christian Andersen visited him in 1872 and read to him his story about *The Gardener and his Master*, Bournonville seemed to see his own life reflected as in a looking-glass. "I suppose they will call me Larsen now", he said, "I recognize myself in these lines". Andersen presumably had used other models, but it is true all the same that part of the victory of the great choreographer was the way his work with the vegetation of Danish theatre made the humble artichoke flower glow magically like the lotus of Hindustan.

Bournonville refused to admit defeat, whether that of the nation or his own. In 1841, when his performance in *The Toreador* was booed, he resolutely shook off the part and turned to address Christian the 8th, a king with a knowledge of art, in his box: "What does your Majesty command me to do?" And the king sensibly replied "Carry on!"

This kind of address was not customary in the Denmark of the day, but in spite of the ensuing confinement to his rooms, Bournonville could not be caged. "The heat of the artist is not easily distinguished from a hot temper by the un-initiated observer", he said, throwing off his disappointment in fiery sovereign dancing. If circumstances seemed unmovable, he moved somewhere else: the Paris conservatoire, the Hardanger Estuary, the London World Exhibition, the waste lands of Sibiria, the Blue Grotto of Capri. His folklore spirit roamed everywhere.

Bournonville lived and reigned in the time of Grundtvig and Ingemann, Andersen and Kierkegaard, Paludan-Müller and Lumbye, Bjørnson and Ibsen, Edvard and Georg Brandes. They were part of his scenery. He was in Paris when Napoleon was still taking his walks on the island of St. Helena. He trained Juliette Price, Betty Hennings, Athalia Flammé (the fiery-named mother of Poul Reumert) and Hans Beck, and fought for more than a generation with his ex-pupil, Lucile Grahn, who defied him on the strength of her European reputation. He experienced the youthful magnetism and the doddering old age rulings of mrs. Heiberg. Rossini praised his sonorous tenor, Gardel and Vestris jun. his dancing. He was the friend and houseguest of Dumas, Liszt played for him, Jenny Lind sang or made penance with him, and Wagner tossed his head at him. The past and the future. Much more than an epoch.

With Bournonville prose never gained the upper hand over poetry. He preferred the naive to the ruminating, the gestures of idyll and ideality to the poor manners of conflicts. – His father, Antoine, had pointed out to him that the well-behaved Bellman, whom he knew from his time in the Stockholm of Gustav the 3rd, was an Olympian, not a boozer. The strength of lyricism and naive grace was prominent in Bellman's person and genius. This may well have influenced Bournonville when he settled for *la carrière la plus glorieuse du monde.*

List of illustrations:
Page 23   F. C. F. Thöming: The Blue Grotto in Capri. 1833. Thorvaldsens Museum.
Page 25   Cover of the programme for the first performance in Copenhagen of Richard Wagner's "Lohrengrin".

The Bournonville School

by

Allan Fredericia

Edgar Degas, the Impressionist painter, made famous the dancers' class-work, not only as a motif in pictorial art, but as a concept. We see these girls, these young women stretching their feet or racking their backs with one leg on the "barre" placed in hipheight along the wall of the class-room. We see as well the wear and tear and the hardships of life in these Paris proletarian faces. One suspects how Degas during class-work and rehearsals discovered the reality of dancing, while his stage-glimpses tend to reveal an artificial, slightly banal, make-believe world – seen in the light of Impressionism.

Degas's long suite of dance pictures start in the early 1897's and stopped only at the artist's death. Bournonville may well have seen them during his later visits to Paris.

What would his reaction have been?

Positive and negative. Yes, the faces are true – the same as in Copenhagen – but he would have rejected the dance-ideal represented by these pictures. It would have angered him the way Degas sees dancing exclusively as a women's art – and an art at that in which the labour is not beautiful, classical, shaped in the ideal of Antiquity.

In three of Degas's pictures a smallish, old man is seen leaning on a walking-stick such as was used by Holberg's Jeronimuses. He is Jules Perrot, and we would have liked to ask him what he thought of the exercises he taught the female dancers of the Paris Opera. His thoughts may be wandering, perhaps to the conversation he has just had with Bournonville about their youth and the ideals of their youth.

A few days after the death of August Bournonville, Perrot wrote a moving letter about their long friendship to August Tuxen, the son of Bournonville's daughter.

Jules Perrot and August Bournonville both went to the most famous school of the period. Together they experienced how the greatest name in dancing of the "wig-time" and the revolution, August Vestris not only passed on his old craft, but also, miraculously, detected and with an unjaundiced eye nursed the fresh element in Maria Taglioni, an unknown Viennese soloist, who asked Vestris to polish up her performance prior to her Paris debut.

Perrot and Bournonville both watched these two at work, and both were later to partner Taglioni – the first star dancer of Romanticism.

August Bournonville never concealed that he remained faithful to the Paris ideals of the 1820s. Hence to-day we are entitled to speak of a Bournonville school. It is based on a very narrow aesthetic point of view: precisely where the earlier, classical ideals meet with those of Romanticism.

Romanticism abroad received other and much stronger impulses than the French school of Vestris. They sprang from Italian choreographers, ballerinas and teachers, and in their encounter with old French ideals at the other end of Europe, St. Petersburg, developed into the third great – Russian – "school".

August Bournonville had only one, calculated, flirtation with the virtuoso Italian ballet romanticism. Bournonville knew Vienna. So when he was engaged to work there, he brought with him a ballet of bravura – despite "Abdallah"'s having a shoemaker in the leading role – from which a few extremely simplified soli are preserved as interpolations in the "Napoli" *pas-de-six*.

To-day the Bournonville school alone survives amongst the individual, mutually different schools of Romanticism: the Italian school was later expanded by the epoch-making teacher, Cechetti, and the Russian school was given a distinctly new direction through the work of Agrippina Vaganova after 1917.

"School" in this context should be taken in the sense in which Romanticism used it: style, ideal, plastic attitudes and the way it related to the music. School – in the sense of curriculum – was virtually unknown. Certainly, Bournonville did not write down the exercises of Vestris as they happened during class, but according to the group of dance to which they belonged (jumps, pirouettes, etc.).

This, then, is the Bournonville school to-day: style, ideal, plastic attitudes and the way everything related to the music. But at the same time it is the name of a series of exercises distributed on the various days of the week.

The exercises must be considered in the terms of teaching. Fortunately we possess a number of sources from Bournonville's time. A few dozen years after the death of the master – and right up to the 1930s – the *teaching* of the system had degenerated in Copenhagen to the extent that the children were practically ordered to copy the adult dancers in front of them.

Now and then, Auguste, Bournonville's eldest daughter was tutored by her father together with the children of the Prices. This happened during the years when Bournonville kept his oldest known diary. Shortly after her confirmation, he sent his daughter to Paris as a student, and her letters home report of the progress and – by way of inference – differences in the teaching.

This was not characterized by the variation in steps with which we connect the Bournonville school. The following is an enumeration of the principal features of the teaching: exercises to strengthen the turning-out of the feet and the legs. Possibly, subject to individual inclination, supplemented by exercises for turning the hip in relation to the spine. Bending of knees and stretching of toes and an enormous strengthening of the leg muscles. There is a mentioning of 320 battements, meaning obviously big, high kicks of the leg – forward, to the side and back.

The step register was a very limited one for this age group, but beautiful, harmonious arm movements (*port de bras*) and steadily held balances (*attitudes*) were a central feature. All kinds of pirouettes abounded.

These descriptions – combined with the way he coached grown-up dancers – leave the impression that Bournonville was a strict but polite teacher. This is not quite in keeping with the reports of his vehement temper.

Bournonville was under contract to teach the children of the ballet school. However, he soon withdrew from this responsibility, handing over the teaching to Georg Brodersen. At any rate he himself supervised the teaching until the present Royal Theatre was built.

His teaching was essentially aimed at the 14–21 years old. The "adult" dancer had acquired his *own school*, training on his own. But Bournonville made many exceptions from this rule with dancers, not least Juliette Price, whose development he would like to further. For this aid he charged nothing.

The classes varied between 1½ and 2½ hours' length.

When Hans Beck took over the teaching in 1893, a new generation of dancers had moved forward. The teaching therefore somehow had to be re-organized.

Hans Beck kept his notes from this period. They are now in the Theatre Museum. A number of exercises are written down with no further comment while certain combinations of steps are linked with the names of dancers. This gives a free rein to imagination, but the most plausible explanation is that Beck made a note of the person who remembered the combination in question. They are unfailingly long and complicated, and it is improbable that a great many dancers should have possessed such choreographic talent as is revealed here.

A number of standard exercises enjoy the advantage of very characteristic music (e. g. "The Chinese Step") from operas which had been dropped from the repertoire at the end of the century.

Certain exercises were borrowed from Bournonville ballets in the repertoire (La Ventana, Napoli and, above all, the Dance Class from the first act of The Conservatoire) and from now forgotten divertissements whose names shed some light upon their origin as for example Brama and the Bayadere, a play with songs and important dancing parts.

Thus Hans Beck recorded approximately 200 exercises dividing them into six schools named after the days of the week. They were preceded by one of three different exercises at the barre.

The classes – unlike Bournonville's notes from Vestris – are devoid of any profound aesthetic, technical construction or any division according to the nature of the step. They are training exercises, no basic school. For a dancer to benefit from them, he must be acquainted with their theory.

The 19th century had, apart from Degas, another pictorial artist, who was seriously interested in the art of dancing. This was Hans Chr. Andersen whose art of papercutting is a fine key to the understanding Bournonville's art. His diaries show how sincerely interested he was in Bournonville's projected balled based on "The Steadfast Tin Soldier". Like "The Conservatoire" it contained a dance class. Sadly, all choreographic material from "A Fairy-tale in Pictures", as it was eventually called, has been lost.

But it is characteristic of Bournonville that he twice created a scenic memorial in the form of a "class" – the first a tribute to the most influential of his teachers, August Vestris, and the second – towards the end of his life to the fairy-tale poet, the dramatist, the writer and his friend, Hans Chr. Andersen.

Bournonville and his Dancers

by

Erik Aschengreen

It is, of course, questionable to appoint a certain type of dancer the Bournonville dancer *par excellence*, and yet the temptation is almost overwhelming. In Danish ballet-tradition the *demi-caractère* dancer was considered best suited to meet the demands of the Bournonville style and make the parts come alive, which again is easy to explain.

In the early 19th century when Bournonville was being trained as a dancer, the diverse skills of the dance world still subsisted. Bournonville himself was not the tall, elegant type of prince, *le danseur noble et sérieux*. He was a shortish, but quick, nimble, light and adroit dancer with a pronounced talent for the light-footed allegro dance, whilst battling with slow steps and positions. And it was as a *demi-caractère* dancer the Paris Opera offered to engage him after his debut there.

Until 1848, when Bournonville retired as a dancer, he created the chief roles in his ballets with himself in mind, and nowhere in Europe were men's roles being made as important and exciting as in Copenhagen. Of course, Bournonville knew precisely how to present himself on the stage, and consequently the men's roles were tailor-made for the *demi-caractère* dancer so close to Bournonville's own type. Possibly, his preference for parts which suited this type of dancer should be considered in the light of the fact that Bournonville's heroes are middle-class more often than gentry. They are everyday human beings. Rarely princes.

For more than a century the big Bournonville parts have remained the touchstone of Danish dancers. The high level of Danish male dancing is a logical consequence of the challenges presented by the Bournonville repertoire, and this applies both to the type of dancer who fitted snugly into the parts and to those whose type was alien to Bournonville but conquered their deficiency triumphantly.

Present-day dancers are no longer divided in the aforesaid categories, but obviously dancers like Børge Ralov, Fredbjørn Bjørnsson, Niels Kehlet, Arne Bech, Flemming Ryberg, Peter Schaufuss, Frank

Andersen and Ib Andersen with their similarity in type to Bournonville find it more comfortable to dance Bournonville's parts than do dancers like Erik Bruhn, Henning Kronstam, Flemming Flindt, Peter Martins, Adam Lüders and Arne Villumsen. To all of them, however, Bournonville has been a challenge and a fund of experience. He has taught them a technique, given them parts to grow in and live with. The said accomplished male dancers of recent generations alone show the fine quality of Danish male dancing which has even rubbed off on dancers who have primarily excelled in non-Bournonville parts, inspired by the local high level of male dancing. They range from the classical serieux dancer Palle Jacobsen, to the modern, Johnny Eliasen.

Throughout Europe during the age of romanticism male dancing was on a rapid decline bordering on extinction. At the first performance of Coppelia, Paris 1870, the male principal, Frantz, was danced by a female dancer *en travesti*, but by the time the ballet arrived in Copenhagen, in 1896, Hans Beck took the part on the stage. Danish male dancing was not allowed to degenerate, with Hans Beck keeping up the standard in the male generation succeeding Bournonville.

Bournonville himself was a dancer of both virtuosity and temper. He knew the temptation to shine out in intricate steps, but tried to dampen this enthusiasm for sheer bravura, as, in his opinion, dance should serve a higher purpose. Bournonville required from the perfect dancer grace, lightness and physical agility, but he also demanded spirit and background, qualities which he amply possessed and radiated. We have no specific ballet criticism from the 19th century, but we have good descriptions of Bournonville as a dancer, because his unique talent challenged, as it were, the writers' pens to catch his genius. Meïr Aron Goldschmidt found it a spiritual delight to see Bournonville dance, and it is worth noting that Bournonville cared about his dancers' education so that they should not be restricted to the skill of their legs.

He is flying, said the Royal Theatre audiences about young August Bournonville, when he returned from Paris in 1829 to thrill Copenhagen with his light dancing and impress it with his gift for mimical characterization. This side of a dancer's talent was to become essential for the concept of a Bournonville dancer. Valdemar Price, one of last century's most important Bournonville artists, owed his success primarily to his stage presence and mimical mastery, and he was only one of the outstanding mimes of Bournonville's company. The tradition survived, and the challenges presented by the repertoire have furnished The Royal Ballet of this century with prominent character dancers like Gerda Karstens, Niels Bjørn Larsen, Lillian Jensen and Fredbjørn Bjørnsson. But although Danish ballet owes its fame to its male dancers, their female colleagues need not sit abandoned in their shade. However important Bournonville found it to assert male dancing, not least his own position, men alone do not make a ballet, certainly not in the age of romanticism.

As a young man August Bournonville had partnered Marie Taglioni, that brightest of stars of romanticism, and he was full of praise for her as a person as well as an artist. Her lovely dance was apt to make you cry, he writes in his memoirs. Sadly though, soon after his return to Copenhagen in 1830, Bournonville's dictatorial manner provoked the anger of the only considerable ballerina of The Royal Theatre, Andrea Krætzmer, who, a little unjustly, is mainly remembered in Danish ballet history as the last artist to be imprisoned in Blåtårn on a charge of neglect of her job. Presently Bournonville's attention was caught by the very young Lucile Grahn. She created his Sylphide and became his most famost pupil. When she left in pursuit of international recognition, she was succeeded by the ladylike Augusta Nielsen and graceful Juliette Price who was the best bid for Bournonville's ideal dancer. He looked in his ballerinas for a crisp, feminine grace. His Italian, Spanish, Flemish or Norwegian girls are not naive and dull as frequently maintained by posterity. They are brimming with life and flirtation, sweetness and temper. They are very different and wonderful parts to play and dance, but they all belong to a world in which joy and harmony are victorious. A swan princess has no easy time in the universe of Bournonville with little space for the longing and lingering of elegy.

As with the men Bournonville's parts have been a considerable challenge to his female dancers. They are light. Their dancing is soft and graceful, their jumps nimble and swift. They seem to touch the floor only to set off again. And it always looks effortless – when performed as it should be. Bournonville dancers have qualities of which the ballerinas of the world are jealous, and how difficult it is to master

102

the lightness of Bournonville's style is especially revealed when dancers trained in the great Russian or in the Balanchine style try to get a footing in the world of Bournonville.

Bournonville's work for Danish dancers was multifarious and of lasting importance. He raised the social standing of the dancer, and in his lifetime set up a company of outstanding soloists in the field of dancing as well as mime. In retrospect his most remarkable contribution is the surviving repertoire with its wealth of exciting parts and lovely dance. The dancer of to-day feels the after-effects of Bournonville upon his body, as it were, as well as on his mind. They are there to be seem when the Acropolis curtain rises on the Royal Theatre stage, and when the "children" of Bournonville appear on television, in community centres or at international ballet festivals.

On dancing Bournonville

by

Dinna Bjørn

Bournonville's ballets were made in the age of romanticism, and their form, plots and characters are all indelibly stamped with the spirit of romanticism. For a dancer to identify wholeheartedly with any of Bournonville's characters, she must have something of a romantic in her. However, if Bournonville's ballets had consisted merely of their stories and mime scenes, they would hardly have survived to this day. Their staying power rests upon their choreography – those wonderful dances which remain a challenge to every classical dancer up to this very day.

Now, why should it be like that? How can a dancer executing choreography a hundred years old escape the notion of doing pastiche, parody or museumpieces. In my opinion the answer lies in the choreography itself – the way it is beyond the boundaries of time, and perpetually valid. The problem of the correct approach to *dancing* Bournonville is debatable – and *will* be debated indefinitely – as no-one can determine precisely how Bournonville's choreography was danced in his own time.

Bournonville said himself that he could think of nothing worse than having his dances turned into pictures, since the pictures were totally inadequate at transmitting that element which to him was the essence of dance: the natural flow of movement. "How would an entrechat or a pirouette come off as a picture!" he said. "I know of nothing more beautiful in life and nothing more hideous on paper than sylph-like groupings on points." And he went on to conclude: "Beside its musical and plastic nature, dance possesses a totally idiosyncratic character, which is as fleeting as time, and cannot be seized."

Faced with the point of view that dancing Bournonville-choreography in the right style means an attempt at copying from prints and pictures from his period, I could not disagree more (for it goes right against the grain of Bournonville's idea of what dance should be and represent). If I were to try and dance Bournonville as I imagine

104

he may have been danced at that time, I should certainly feel awkward and contrived. I should feel obliged to restrain myself, having, of course, to remind myself that in those days dancers could not stand on their toes for very long or turn more than a couple of pirouettes. I should therefore have to dance in a manner which would appear alien to me as a 1979 dancer. To Bournonville, however, dance (including his own choreography) was above all a means of expressing joy, ease, natural grace and beauty. Hence the aim must forever be to arrive at a way of dancing Bournonville's combinations of steps, as if they spring naturally and spontaneously from one's present mood, inclination and imagination, and as if sparked off by the music and an urge and desire to follow its rhythms. At the same time one should endeavour to attain to a natural beauty in dance related to one's own ideals of beauty, i. e. the ideals of beauty of our time. These, too, have changed with the times. At Bournonville's time female dancers were shaped more in the round, and for that reason alone many of their movements must have looked different to what a present day dancer can reproduce. And I am not of the opinion that those very curvacious bodies are essential to create the true Bournonville spirit. Contrarily, it has to do with discovering what Bournonville wanted his choreography to demonstrate and *transferring* it to our time.

A key to greater grasp and control of the Bournonville style lies in the execution of his "school", viz. the six classes comprising the master's own steps, compiled and conserved by some of his immediate successors, and subsequently handed down from one generation of dancers to the other. These classes clearly reveal that Bournonville as a choreographer was trying out his ideas for new steps in the practice room. Many of the steps are sketches for later ballets. And they contain all the characteristics of his choreography for the stage. If you consider the increasing demand for sheer technical ability on the dancer within the last ten or fifteen years, it is amazing how these steps, with more than a century to their credit, still present such an enormous challenge to to-day's dancer. Part of the answer is the way Bournonville combines his steps in a slightly different manner from the customary one to a dancer who – like myself – was trained in the classical Russian (Vaganova) school.

Bournonville has always been dear to me, and his choreography is "the language of my heart", because – to me – it is expressive of what

I want to say with my dance. But I was not raised on his classes. Not until I was sixteen did I have to do my first Bournonville class. And what a mental somersault that was! I felt as if my brain had to be "reprogrammed" to suddenly co-ordinate the movements of my arms, my legs and my trunk into various elementary steps and gestures in a brand new way! For example an entrechat is allowed to go down in a grand plie, and there is no reason why a pirouette should not develop from a grand plie or go exactly the opposite way than indicated by the preceding step, and a double tour en l'air may spring direct from a double rond de jambe sauté assemble. The preparations for the more difficult steps are steps in their own right, and not a stand-there-and-get-yourself-ready preparation as ever so often in the Russian style. In Bournonville one goes *dancing* into the "big" steps – everything is dance, and this can be immensely exhausting if one is used to the luxury of catching one's breath or wetting one's lips with one's back to the audience en route to a stage corner for a diagonal solo. This is never done in Bournonville. Consequently, Bournonville choreography puts a lot of strain on a dancer's legs – and general condition – in the early stages unless one has grown up with his classes. But the deeper the dancer penetrates into the pulse of his choreography, by dancing and analyzing it, the more she discovers that although these are merely steps, there are lit-up steps and shaded steps, some are small, some big, the accent may shift – some of his steps are "conjunctives" and should not carry the same significance as the main words in the sentence of steps. Examined like that – as if every phrase of steps were a sentence with a certain message in which one of the steps is important and should be emphasized, with the other steps building up to it whilst not performed with equal strength and vehemence – examined like that, Bournonville's choreography begins to open up and offer an understanding of its nature. And this, I think, is when dancing Bournonville becomes incredibly exciting and engaging for the dancer. The dancer who has reached an understanding, let alone gained full command of Bournonville's language, will begin to sense in her own body the logical flow of the choreography, the flow that links separate steps (statements) into sentences of steps and the latter into complete dance variations. With this knowledge one comprehends how vital it is not to break up the flow into "separate steps", and one may suddenly and surprisingly realize that Bournonville's basic principle is in fact not far from that of Modern Dance, i.e. all but "dated" or "period".

This flow of movement has its individual phrasing in relation to the music. Bournonville conscientiously follows the musical pattern – in rhythm and melody alike – but will often employ a musical accent in an unexpected way, f. ex. by syncopating steps which are normally executed smoothly with an equal amount of time for every element of the step. This, too, adds colour and spice to his steps. Furthermore, his use of space is often quite unconventional, and contributes to give familiar classical steps a fresh look, because they are turned the opposite way or directed somewhere else. Yet another characteristic should be noted: the *"epaulement"*, viz. the way the dancer places her trunk, her shoulders and her head in relation to the working arms and legs, and the importance of the *direction of the glance.*

When, on a few occasions, I have been asked to sum up the various peculiarities of the Bournonville style versus f. ex. Russian and English style, I give priority to the epaulement – because to the audience as well this is the most obvious element of the choreography: the trunk, and the way the glance constantly travels towards the raised or the working leg. The epaulement is a hallmark indeed, but strict abidance by a code of rigid rules for it could never make it seem proper and alive. The dancer should be so familiar with the rules that she invariably leans in the right direction of the leg and the step and simply cannot help looking towards the working leg.

I have a theory of my own that the epaulement may have had a specific purpose at Bournonville's time (and that this purpose perhaps actually perpetrated the epaulement). It seems more prominently featured in female than in male dancers, serving perhaps to draw the audience's attention to the feet, so easily hidden by the long skirts the female dancers of the time had to wear!

After fifteen years of dancing Bournonville at home and abroad, working under the guidance of the best Bournonville experts at the Royal Theatre, and having tried to pass on my own vision of Bournonville by teaching and mounting his dances, the net sum of my experiences seems to point in this direction: that there is no one way of dancing Bournonville "right and proper", but that every dancer faced with his choreography must find his own to the heartbeat of that choreography to interpret its inherent message, sentence by sentence as if she were inventing it. There may be as many interpretations as there are dancers, but a common denominator of the result will always be an impression that the choreography is *alive*, because the flow of movement is never checked or chopped, because the steps are lit and shaded, and because every highlight is reached only by individual phrasing and accenting, an awareness of epaulement and the use of space. When all these factors have merged into one strong and omnipotent feeling, it will exude from one's dancing, and one need no longer worry over detail. One can allow oneself to be carried along on the incredibly logical flow of movement of the choreography, and it is at this moment that one experiences, I think, that *pure and unadulterated joy of dancing.*

"Music is the most excellent organ of imagination"

Considerations on the background of the music to Bournonville's ballets

by

Ole Nørlyng

"The concept of dance is inseparable from music, and Terpsichore unites in her being rhythm and movement. The directest in origin and effect, the most independent and soulful, nay supposedly the oldest of all the fine arts is music." "Hence dance owes its existence to music."

It appears from these quotations from the opening chapter of "My Theatre Life", vol. I, 1848, that Bournonville set great store by music – an attitude not merely founded in his personal musicality, but as much a consequence of his romantic outlook on music.

The romantic sees art as a means of raising man above his immediate reality, governed by reason, towards a more profound reality in harmony with the godhead, the spirit of the universe. The non-verbal nature of music makes it appeal more than any other medium to man's feelings and senses. To the romantic, music becomes a wonderland of magic through which emotional intensity, the power of sensuality, and the irrational nature of life may most adequately be expressed. Music can express what cannot otherwise be expressed, and it is awarded a correspondingly high rank in the aesthetics of romanticism.

Bournonville was no alien to these ideas, as is revealed at the beginning of his first piece of writing "New Year's gift for Dance-enthusiasts", 1829. In these lines he marvels at the magic of music as opposed to the poetry which is chain-bound to language. "Music is the most excellent organ of imagination", and he considers its expressiveness "the ideal sphere". In "Choreography: A Faith", he relates music to dancing, establishing that "with music at its side dance can elevate itself into poetry". This reveals Bournonville's romantic view of ballet, and his idea that music provides the base which can raise dance from superficial entertainment to a perfectly valid art alongside poetry.

If ballet's independence as an art were to be asserted, music had to provide its foundation. In Bournonville's words ballet is "the body that sings".

Bournonville's creative life started in a period of enormous changes in the musical practice in ballet. Music for the dance in contemporary French theatre was on an upsurge. Originally the characters and the choreography were decisive influences, "whereas now the music decides the character. The wig has been outstyled by Romance". (My Theatre Life, vol. I, chap. I). Bournonville makes frequent references to the poor quality of the music for the ballets of the 18th century. A case in point is his observation on the much admired Dauberval: "He made a habit of adapting operettas into ballets as for instance Le Deserteur, La Fille mal Garde a. o. They were excellently conceived but all encumbered with a musical hotchpotch".

Bournonville used this phrase to describe the less than original arrangements which were in fact used to accompany ballet in those days. Even if the eventual score was made by a composer, the arranging of the musical pieces was largely left to the choreographer and merely designed to fit the dance. Consequently the more considerable composers stayed clear of ballet music. To facilitate the understanding of often very long-spun pantomimical scenes, the choreographers demanded interpolations of familiar tunes borrowed from well-known sources. These frequent quotations were a main obstacle to the development of ballet music towards greater independence and originality.

Bournonville was aware of these unfortunate circumstances whilst understanding the need for musical quotations, loans and other kinds of interpolations. Time and time again did he himself set to work to existing music, and he put his musical conceptions before his musical collaborators. But he certainly realized the dangers of the "musical hotchpotch", and how the old practice of getting everything together before the composer was asked in was bound to attract only mediocre musical contributors and patched-up music. And that such unoriginal musical arrangements could naturally not create the "ideal sphere" which was to raise dance to the heights of poetry. Only original music can yield the poetic life necessary to make ballet a "fine art".

110

Musically, Bournonville had been well provided for since his childhood days. Schall's unusually dramatic and illustrative music for Galeotti's big pantomimical works ranks very high in the history of early ballet music. Bournonville's long stay in Paris had brought him a number of revelations. The romantic grand opera was in its first flowering. Auber had launched a new vogue with his spectacular "La Muette de Portici", 1828. The main part as "the mute" was mimical and furnished by Auber with music which was in many ways revolutionarily illustrative, in an opera rich in ballet music, crowded with popular Italian dance characters. Thus, opera was setting the pattern in developing the illustrative elements with which music could proceed to support the dramatic ideas and concrete environment of ballet.

Bournonville noted this trend in his description of the choreographer Aumer who had "in Gallenberg found a wonderful composer. This gifted German musical poet has created some of his most beautiful themes for his ballets" (My Theatre Life, vol. I, chap. III). Gallenberg was one of the lesser composers of his day who devoted his efforts to the music for ballet. He created a large number of scores of illustrative music with the dramatic idea of the plot in mind. No great composer, Gallenberg nonetheless succeeded in playing an important part in the flight from the "musical hotchpotch". Bournonville took some of his music back to Denmark with him, and used it, in 1829, at The Royal Theatre for his "Homage to the Graces".

Paris was the hatching place of whatever was new, and Bournonville brought back the original ballet music for "La Sonnambule" – The Night Shadow – yet another step away from "the hotchpotch". Hérold was acknowledged as the bright young star of ballet music, and produced an immensely graceful score for "La Sonnambule". Rossini's influence was inevitable, but Hérold himself contributed his infallible flair for the popular setting and the sentimental story whilst providing the divertissements with ingratiating and rhythmically accentuated tunes. "La Sonnambule" was young Bournonville's trump card in winning over Danish audiences. It was a secure success, but problems were never far away. The Paris music was running out, and already that year Bournonville had to cast round for musical collaborators.

This was no easy task. Only Claus Schall had so far devoted himself

111

to ballet music, but had retired from composing after the death of Galeotti. Who could he turn to but the Royal Theatre orchestra musician Ph. L. Keck who, prior to Bournonville's return, had shown some dexterity at ballet music. Keck's talent, however, did not really extend beyond light arrangements, but Bournonville presumably had no other choice when in 1832 he created "Faust", his first major choreographic work.

Why, you may well ask, did Bournonville, with his acute awareness of the importance of music, not seek out a talent of more originality for a major ballet on such a serious subject? One must keep in mind how low was the esteem in which the composition of ballet music was held. It would have been an insult to Weyse as a person and an artist of standing, if Bournonville had turned to him for the music to "Faust". Another, even more obvious choice was present in the person of Kuhlau who might have created some very dramatic music indeed. But, again, it would not do to offend Kuhlau whose health was extremely fragile, so poor, in fact, that he died in March of that year.

In as much as it was prohibitive to importune established, venerable composers for ballet music, Bournonville's most meritorious effort for music was to break away from this convention. He must have felt the "Faust" music unsatisfactory, for he broke off work with Keck.

In his endeavours to get beyond "the hotchpotch" Bournonville knocked on the doors of several composers. For a start he ventured to contact young J. Fr. Frøhlich who had entertained greater ambitions than to compose ballet music, but as Bournonville reports in "My Theatre Life", vol. II, Biographical Sketches, he got in touch with Frøhlich at a time when the latter seemed "to have abandoned all bright illusions". That the composition of ballet music was not respected seems obvious from Frøhlich's response: "Partly from inclination, partly influenced by the singleminded attitude of others, he harboured little respect for this art, and undertook the job as a sort of joke, and in a way to try how far the absurdity of a ballet master could be driven musically". This absurdity was the idyllic "The Tyrolians" with incorporated Rossini music from "Guillaume Tell", 1835. "But," Bournonville goes on, "he was soon to realize that ballet, as I saw it, offered him a wide field of invention reflecting his special ind-

112

ividuality, and the audience was happily surprised by the richness and diversity of the orchestration which proved that he had now found his right place."

With the music to "Valdemar", 1835, Frøhlich went a long way towards delivering a completely original score, the first start of the enormous musical output inspired by Bournonville over the subsequent forty years.

During the 1830s and –40s a great number of contacts with Danish composers were made. In each separate choice Bournonville revealed his fine taste for what was demanded from the music for the ballet he was working on and the special talents of the composer he approached.

Frøhlich was Bournonville's "house composer" until 1845, but hardly had Bournonville had his celebrated success with "Valdemar" than he couragiously contacted the young baron von Løvenskjold who made his bow as a twenty year old prodigy of astonishing maturity. The exciting score for "La Sylphide" was the happy result of close cooperation between a ballet master and a composer, hardly equalled anywhere in contemporary Europe.

For his major, ambitious and serious works Bournonville always turned to the best composers, whereas for his idyllic genre-picture ballets and lesser divertissements he contented himself with composers who were willing to interpolate familiar stuff into the musical context. His cooperation with H. S. Paulli is the best example of the latter kind. Paulli created the lighthearted, characteristic and euphonious music for a great number of Bournonville's "travelogues". The music for "The Kermes at Bruges" (1851) is a striking example of Paulli's ability to avoid "the hotchpotch" although he borrows from several sources to conjure up the setting for the ballet.

Bournonville's most impressive conquest, from a musical point of view, was his work with I. P. E. Hartmann, the leading young composer of his time, whom he approached, disregarding the danger of affronting him, in 1838 for the music to "The Island of Imagination". This inaugurated a lengthy collaboration resulting in successful and mutually satisfying scores of originality and grandeur to support the choreographic pictures of Bournonville's masterpieces "The Valkyr", 1861, and "Thrymskviden", 1868 – definitive milestones in the progress of original ballet music.

Bournonville's choice of and fight for original music for his dramatic works reveals courage and providence. His romantic view of music made him elect to use it to enhance and raise ballet into poetry, and his personal musicality made him strive for the best in music. Not until the 1870s did the great ballet scores for Délibes' "Coppelia", 1870, and Tchaikovsky's "Swan Lake" appear. Only then did composers throughout Europe begin to deal seriously with the music for serious ballets.

List of illustrations:
Page 53   Wilhelm Marstrand: Musical soiree at the house of Christian Waagepetersen, wine merchant and councillor of state. 1834. The Museum of National History at Frederiksborg. Weyse is seated by the grand piano with orchestra leader Fröhlich leaning on his chair, and, on the far right, J. P. E. Hartmann, the composer. On the left a. o. Claus Schall, conductor, and leader Wexschald. Centre Paulli, conductor. On the wall is the portrait of Kuhlau, the composer, hung between those of Mozart (top) and Haydn and Beethoven (bottom).
Page 54   The sheet music for the popular Italian tune "Ti voglio ben assai". The Royal Library.
Page 57   Cover for the score which first published the music for "A Folke's Tale". It depicts the dancer Harald Schaff as Juncker Ove.
Page 58   The opening bars of J. P. E. Hartmann's music for the ballet "the Valkyr" with the resounding horn. The Royal Library.

Bournonville, the painter

by

Hanne Westergaard

When Adam Oehlenschläger called Bournonville a poet on account of the poetry of his ballets, this was no less than an accolade to the choreographer who liked to call himself a ballet poet. But the crowning glory for his ambitions was when the greatest Danish sculptor of his time, Thorvaldsen, saw a performance of Napoli, folded him in his arms and called him an *artist*.

As so often with multi-talent, it flowered copiously and variegatedly in one person. Bournonville, for example, painted – oil on canvas. Not that he desired recognition as a painter in the traditional sense; he was preoccupied with the visual composition of his ballets.

Bournonvilles writes (My Theatre Life, I, chap.: Myself): "Every story at once crowds my imagination with physiognomies, costumes and scenery, and that with such concise vividness that if, ten years later, I re-read the same book, that very same picture would return to my mind ..." Thus speaks the original illustrator. The great Danish sample of this kind, Lorenz Frölich, phrased the same opinion almost identically. Leaning on Noverre, Bournonville continues: "All that a person with the required background can detect in a painting must be more comprehensible in a series of pictures supported by the expressive language of music." To relate his poems in this fashion Bournonville must use movement, but he also had to observe the laws of pictorial composition. He must study the eloquent gestures and plasticisty of not only individuals but of the independent harmony of such groups. Last, but not least, he must consider the importance of colours and their weight in a painting.

All this was common knowledge among the next door neighbours of The Royal Theatre, the artists of The Royal Academy of Fine Arts, but Bournonville could not very well knock on their door for an apprenticeship. He must paint, and yet he was no painter; his subject matter was very tangible: people and textiles, his lighting not the bright daylight of the predominant Eckersberg school, but the footlights. And while his picture was still in the making he had to settle

115

for financial compromise of an order unknown to the painters of the trade. The theatre can create a certain illusion, but always, inevitably, at a price.

Defying all differences he became a painter in his own field: "a series of pictures held together by a dramatic context". So what did he learn? And where did he learn that which he translated into paintings for the stage? He drew, and I think this should be emphasized, his knowledge from the same sources as were available to his audiences: museums at home and abroad; and exhibitions like the annually recurring spring event at Charlottenborg.

Bournonville deviated from the pattern set by his predecessor, Galeotti, by not availing himself of symmetry in his ballets; by avoiding allegories (despite his professed favour of them, he had to admit that they were beyond his audiences). And by something in which foreigners recognized *une poésie toute particulière*. "And this peculiarity", in his own words, "is nothing but the romantic flavour" (My Theatre Life, I). No doubt this phrase had a very precise meaning in its time, but what it was evades us now. On the other hand we may now assert that Bournonville's unique poetry is synonymous with the Golden Age of Danish art. Romanticism may be in the great European style, French or English; again, it may be Biedermeier, secure and wistful at one and the same time. The Danish Golden Age art learnt from the form and spirit of Eckersberg and Thorvaldsen, it is natural, credible, but an angel had kissed its forehead. And Bournonville is Danish – the specifically Danish element in pictorial art persists right down to the footlights.

Bournonville's innovating pictorial approach to the individual dancer as well as the way he linked them is primarily influenced by the art of Thorvaldsen, his statues and reliefs. To comprehend Bournonville one must appreciate the discretely expressed but warm, sensual life of Thorvaldsen's figures the way it was appreciated by contemporary society. Their detail is plastically perfect beautiful. But what counts is their overall effect. Long, rhytmically running, head-to-heel lines; arms which intensify the expression of the body, hands which gather together, conclude or convey. Never a line leading nowhere, never a vain movement. In Thorvaldsen, too, Bournonville found the ancient notion of dance as a sacred act sanctifying the decisive events of life . . . "but only by following the hints of the Muses and obeying

116

the laws of the Graces were my movements changed into dance, my dance art". (My Theatre Life, I, The Homage to the Graces).

After Bournonville's return from Paris he would inspect Thorvaldsen's work at the Charlottenborg exhibition regularly from 1834, but he was already superficially acquainted with it through J. M. Thiele's textbook with plates and captions: The Danish sculptor Bertel Thorvaldsen and his work, publ. 1831–50. Bournonville realized early on, that "if ballet in this country is to succeed it must ... exploit the atmosphere of the moment, and play familiar themes and national tunes (My Theatre Life, I, Victor's Wedding, 1831). A familiar and treasured theme to the many Copenhagen visitors to the Charlottenborg exhibitions was the life and ways of the Italian people. It replaced the Italian architectural painting of the preceding period; the airy spaces were succeeded by the deep blue Mediterranean skies canopied over an exuberance of joy of life in gorgeous colour. This was supplemented by exhibitions of the impressions of continental painters including pictures lent by Thorvaldsen's international art collection.

The joy of Italy climbed to a natural summit in 1839, when Thorvaldsen returned to Bournonville's composition of "The Festival at Albano", where supported "only by descriptions and genre pictures" he furnished such fabulous illusion "that *after* my journey I could not have made it more striking." The spring exhibition of that year had comprised a. o. Jørgen Sonne's picture of Roman Peasants going to the Market (now in the Royal Museum of Fine Arts), Albert Küchler's Scene from Family Life at Albano (Thorvaldsen's Museum) and continental works such as Luigi Fiorini's Roman Inn with the Inn-Keeper as Improvisator and Francesco Diofebi's St. Joseph Festival in Rome (both in Thorvaldsen's Museum). In fact, Bournonville's words speak volumes for the credibility of Danish Golden Age art.

This was followed, in 1840, by the presentation of Constantin Hansen's Scene from the Molo of Naples (The Royal Museum of Fine Arts), Fritz Petzholdt's Detail from the Pontine Swamps with a Herd of Buffalos (The Hirschsprung Collection) and Jørgen Sonne's Italian Peasants in Prayer on the Roman Campaign (replica in the Royal Museum of Fine Arts). In 1841 Marstrand exhibited his Scene from the October Festival in Rome (owned by Thorvaldsen's Museum) – but

117

before it went on display Bournonville had already (14th March) left for Italy on six months' leave. So Bournonville was well prepared for the reality he was to meet; nor was the population of Copenhagen unfamiliar with the picture of Italy. And yet with the first performance of Napoli, 29th March 1842, he gave people – yes, indeed, what did he give them? The living proof of what they been dreaming faced with these pictures. As a picture of popular Italian life Napoli was never excelled. And a few days later the public could visit the annual exhibition with its Marstrand picture of a cither-playing Neapolitan fischerman serenading some young girls from under their window, and a Christen Købke view from the Southern cape of Capri.

To Bournonville this style had now culminated. He had been able to draw on its natural compositions of people and its joy of life so suitable for the stage. He had learnt from its technique of painting and composition, and a wave of enthusiam for Thorvaldsen had swept this style and his version of it along on the same crest. With time it developed an over-emphasis on anecdotal matter although it still produced substantial results. Bournonville created a few more Italian pictures, a. o. The Flower Festival at Genzano (1858) of which he remarks that "precisely because the ballet made no pretences at being a work of art, it almost was" (My Theatre Life, II). Bournonville's Italian sojourn had a similarly catalystic effect on his future work as on so many contemporary Danish painters. He regarded Naples as a present day city, full of joyful people brimming with life. Rome, however, was a serious matter, the seat of art and history. Napoli was not conceived until "I sat in the stage coach compartment en route from Paris to Dunkirk", i. e. after his stay in Rome where he arrived in a different manner to most Danish visitors entering from the North through the Porta del Popolo immediately facing the modern city. Bournonville, however, had gone straight to Naples by sea and arrived (like Thorvaldsen!) from the South by way of the Pontine Swamps, the deserted St. Giovanni Gate, past the Lateran Church, the Colosseum and the Forum Romanum. Thus the shadows of the glorious empire made the memory of Naples sparkle with flamboyant colour, but from within the shadows of the great past itself stepped forward and swelled his consciousness – already in Rome his obsession with Italian popular life was a thing of the past. In My Theatre Life Bournonville repeatedly voices the conviction that with his latest ballet he has painted his last picture. Though Napoli had not yet begun to take shape, he suffered from an artist's depression in Rome, but "Raphael lifted me again". Raphael was to be the second great spiritual influence upon his art – an extension, in fact, of that of Thorvaldsen. Bournonville was right to join together their names. What he experienced in the "stanze" of the Vatican confronted with the pictures of Peter's liberation from prison, and Attila, was quite distinct from contemporary taste's admiration for and worshipping of Thorvaldsen – Raphael was The Divine. These murals which give an illusion of expanding the narrow room into vast, populous, imaginary spaces (much like those of the stage) showed him a way forward to sublimity, truth and beauty – the professed destination of his life. And only after this experience did vulgar Naples become Napoli, the work of art. Furthermore, already in Florence, the life of Raphael, and the impression Rome had made on Bournonville, paved the way for a ballet composition which, however, was not performed till several years later. It lay close to his heart and was to cause it a lot of pain.

Bournonville's interest in pictorial art was both comprehensive and profound. Of his romantic ballet, Faust (1832), he says that "Retsch's [Moritz Retzsch, 1779–1857] sketches at once supported the pictures which Goethe's masterpiece had left in my soul" (My Theatre Life, I). And many years of familiarity with Dutch painting went into the making of "The Kermes at Bruges" (1851) – impressions from galleries in Dresden, Amsterdam, Paris and Florence. Wherever he travelled Bournonville could be trusted to visit the local museums. At home he had access to the Moltke Collection and The Royal Picture Gallery at Christiansborg with their large and representative collections of 17th century Dutch painters which were highly esteemed by artists as well as lovers of art. But only when one evening he had leafed through the magnificent catalogue of the Dresden Gallery did it dawn on Bournonville what his jolly, Dutch genre picture was going to be like.

From the period when Denmark and Norway were in personal union a close cultural connection subsisted between the two countries. Norwegian painters headed by J. C. Dahl were constantly exhibiting their work at Charlottenborg, and young Norwegian artists still joined The Royal Academy of Fine Arst in Copenhagen. At the same time Danish painters were with increasing frequency finding their motifs in Norway. It is not far off the mark to say that as many Norwegian as Italian prospects were exhibited in the 1830s and –40s, and that they were equally popular.

Bournonville, too, went North. Norwegian culture and Norwegian national dances were a familiar feature of his childhood when the streets of Copenhagen resounded with almost as much Norwegian as Danish. So when, in 1840, his first visit to Norway acquainted him with popular life in the Norwegian countryside, the impression of it was unforgettable, at once familiar and fresh with inspiration. "Twelve years passed before I visited Christiania the second time . . . Norwegian popular life . . . had found *a painter* whose exquisite pictures spread his fame and the name of his mother country throughout the realm of European art. With warm admiration I had dwelt before Tidemand's "The Wedding at Hardanger", the scenery of which was supplied by the talented *Gude* . . . and I found a complete poem contained in the solitary boat mirrored in the crystal of the estuary. Presently several excellent pieces issued forth from the hand of the same master . . . all my Norwegian recollections received life and movement, I interpolated a Jump Dance in my "Old Memories" (1848)". The quotation (from My Theatre Life, II) is important but so ingeniously composed as to necessitate a disentanglement.

Adolph Tidemand (1814–1876) was one of the young Norwegian artists who in his time as a student at The Royal Academy of Fine Arts had exhibited at Charlottenborg. In the 1830s, however, he left for the comparatively new art school in Düsseldorf which already enjoyed European recognition also attracting Scandinavian artists, except for the Danes. This was the hatching place of a heroic description of popular life with pretentions to realism, but in fact a far cry from the truth. But talented artists could employ it with monumental as well as dramatic effect, and many of the Norwegian Düsseldorf painters were full of talent plus the enthusiasm of a young nation. In addition, Tidemand was well versed in the Copenhagen tradition of clarity. For ten years he shifted between abroad, where he trained to become a historical painter, and home, where his became the first proud picture of his country's people – what you might call contemporary historical painting.

Already during his stay in 1840 Bournonville may have met with the work of the national-romantic painters, for "the born friend and patron of the artists, our amiable countryman, Johan Dahl" was partly attentive to Danes visiting Norway – including Hans Chr. Andersen – partly the co-founder of the Arts Society of Christiania which supported this trend in art. But in 1840 not very many specimens had appeared.

Tidemand's and Gude's picture "The Wedding at Hardanger" is dated as late as 1848, the spring of which year it was shown as a *tableau vivant* in Düsseldorf. The performance was repeated the following year at a reputed assembled arts evening entertainment in Christiania. "The Wedding" was the concluding highlight of the event directed by Tidemand himself, with music by Halfdan Kjerulf and a choral poem by A. Munch. But in 1848 and 1849 Bournonville was neither in Düsseldorf nor Norway. Yet, in 1849, he and the Copenhagen public had their first occasion to see a representative selection of contemporary Norwegian painting at the Norwegian art exhibition featuring Tidemand and Gude. It was held at Charlottenborg from 15th June to 12th July in charity of the relatives of those wounded or killed, was seen by a public of 4166, yielding admission fees of 480 Rbd. 26 paintings were displayed, including 4 by Gude and 6 by Tidemand – as well as The Wedding at Hardanger. The moment had come for Bournonville to revive his Norwegian recollections, and for a public familiar with Norwegian prospects to be further motivated for the Jump Dance. In 1851 the Charlottenborg exhibition gave its contribution towards the Scandinavian spirit with a special selection of Swedish and Norwegian paintings, mainly national-romantically oriented, including Tidemand's well-known The Catechizing in Hittersdal Church. The summer of the next year, 1852, Bournonville returned to Norway, created a stir with his Jump Dance, and immediately upon his homecoming composed the ballet of "The Wedding at Hardanger". This work was a sensational success in Copenhagen, 1853, followed that same summer by a most bitter disappointment, as the Norwegians failed to either notice or appreciate it. "I had been looking forward to being acknowledged as a painter and a poet, and they only perceived in me the efficient dance teacher" (My Theatre Life, II).

Why? one wonders. Perhaps because Bournonville's version of the Norwegian Jump Dance contented itself with being merely impressive. But Tidemand's Wedding-picture was something else; it already had become a household word, and – thanks to its muse-garlanded tableau – a national treasure not to be tampered with by foreigners.

As things were, two concepts of "The Wedding at Hardanger" were shown on the stage, and in this connection precisely the pre-eminently scenic qualities of the Norwegian national-romantic school of painting are of interest. The dashing composition of expressive groups of figures and the bold lighting, now harsh, now mystically blurred, could but impress a man of the theatre. Jørgen Sonne, the only Danish painter working in a somewhat similar way, was a close acquaintance of Bournonville's.

At this time, about 1850, Bournonville's style as a "painter" was, of course, firmly set. Radical changes should not be expected in a man past his middle forties. Fresh impulses, yes. His never-ceasing love of the art of the past did not impede his awareness of the possible fruits of contemporary art. The 1860s brought a new wave of interest in Nordic mythology. The Valkyr (1861) and Thrymskviden (1868) were ballet plants with far-reaching roots – but 1868 was also the year of an exhibition of a series of pen drawings by L. A. Schou with subjects from Nordic mythology.

Bournonville's visit to the Ermitage Museum during his trip to Russia, 1874, is characteristic of his unbiased love of art. He relished van Dyck and Velazquez, Rembrandt and Murillo, but also noted the names of newer Russian painters (My Theatre Life, III). He particularly mentions that "a young lieutenant named *Verischakin* has quite recently stepped forward as a genre painter of genius, having produced a number of large pictures from the campaign against Khiva representing episodes of war and scenes of the popular life of that country; they were displayed in a distinctive showroom lit like a diorama and of a wondrous, striking effect". Later, Vassily Vereschtschagin (1842–1904) travelled with his pictures through Europe, including Copenhagen in the 1880s. He was widely acclaimed – a pronounced painter journalist. His fantastic exhibition may well have provided Bournonville with both local colour and atmosphere for his ballet From Siberia to Moscow.

The artist among the rebels

by

Erik Kjersgaard

On the 17th September, 1838, the frigate *Rota* anchored up in Copenhagen's harbour carrying with her the sculptor Bertel Thorvaldsen and his work. A shower released its lightning and thunder in passing, but withdrew hastily leaving a perfectly arched rainbow over the frigate. From hundreds of small boats and from ashore cheers went up to welcome the world-famous Dane back home.

One of the jubilating crowd was the 33-year-old August Bournonville who had come to pay homage to one of his "spiritual fathers". The other was Adam Oehlenschläger, the playwright, who also took part in the reception. Bournonville was deeply moved by the occasion – by the magnificent scenery which appealed to him as a man of the theatre, by the recognition of genius and by the historical turning point, he felt he was witnessing. He saw and heard his countrymen express a strong fellowship in this overwhelming emotional eruption, and his interpretation was correct. He understood that this September day marked the conclusion of the protracted economic and emotional depression which had afflicted Denmark so badly during the Napoleonic wars. He realized that although Thorvaldsen was the target of this tribute, it was, on a universal level, a sign of expectation of bigger and better things – a future very different from that of yesterday.

As an artist Bournonville was a scion of the Danish Golden Age – the bourgeous epoch of Biedermeier idyll which thrived in the reconstructed Europe of Count Metternich with its political narrowness and cultural loftiness. He was a romantic who survived the flowering of romanticism by more than a generation. But as a *citizen* he remained faithful to his own period. He sensed through his finger-tips the impending upsurge in 1838, and when the first Scandinavian meeting of students was held in Copenhagen, 1845, he heard the soft subharmonics blend into a roaring symphony. Bournonville himself was present at the celebration at the Riding School of Christiansborg where the national-liberal leader, Orla Lehmann, through the surf of applause let his "Scandinavian brothers" be sworn that they would stand by Denmark during a future confrontation with Germany. He found the atmosphere "no less than revolutionary".

Bournonville, who till then had known no other political attitude than what could be expected from a loyal subject, became a liberal, or rather, he let his impressionable temper be swept along on the tide of surging and swelling emotions. The time became once again full of drama and action which excited him, and although at heart he harboured an instinctive antipathy against liberalism as such, the *national*-liberal movement sheltered his staunch patriotism. When the dual challange appeared with the upheavals of the German-liberal duchies of Schleswig and Holstein and the national-liberals in Copenhagen in March, 1848, he knew where he belonged. No doubt about it. He was Danish, a private soldier with the King's Volunteers.

He loved the Volunteer-corps and used it as subject matter for a ballet. He also loved popular festivals and frequently used them for picturesque effect in his ballets. But so far he had observed them from outside. Slightly reluctantly he now left his safe position on the stage and the familiar sets to try his hand as a co-organizer of reality. Not on an impulse of his own. He almost had to be drawn into the arena. In the spring of 1849 Jutland was occupied by Prussian and Schleswig-Holsteinian troops. A feeling of depression pervaded the capital. However, a committee was set up to collect a sum of 3.000 Rd. for the war-ridden civil population of Jutland. But why not, asked M. Bing, an art dealer and committee member, a festival yielding ten times as much?

Everyone gasped for breath – and rolled up their sleeves! A three-day market was planned for Kongens Have, the only public park of Copenhagen at the time. It was to offer tombolas, marquees for refreshments and all kinds of entertainment which would pull in money, and additional scenery appealing to patriotism. Bournonville was excited. Everyone was excited. The Copenhagen builders worked in their sparetime to get the stalls up. The army donated a temple with the burnished bust of Frederik the 7th (a favourite with the people) amidst an array of shiny arms, and the navy erected the stern of a vessel of war. Everybody's spirits rose with the news of the big Danish victory at Fredericia during the preparations. But, as Bournonville reasoned, solemnity must find its place in the context – the tears of sorrow be mixed with those of joy. He located suitable spots in the park where – with a "solitary fir-tree, a weeping ash or willow" tuning the mind solemnly – menhirs could be placed and the names of fallen officers be enumerated on shields garnished with flags.

In the centre of the drill-ground of Rosenborg a platform was raised round a ship's mast with tackle and rigging, which became the set for Bournonville's most personal contribution to the festival. H. C. Lumbye raised the baton for his polka *"Greetings to Jutland"*, the young ballet students of the Royal Theatre launched into a hussar's dance, and presently the band intoned *"The Steadfast Mariners"* – Hornemann's naval march as an accompaniment for the boys of Nyboder teeming into the shrouds and manning the yards.

It was theatrical with a vengeance. And it was a sell-out at 65.000 Rd., double the sum of Mr. Bing's fantasies. So when, in August 1850, Bournonville was asked to organize a Harvest Fete in Kongens Have in charity of those who had lost their breadwinners in the battle of Isted, he immediately agreed. The drillground was laid out with 32 obelisques crowned with flaming urns, and orchestral and choral music supplied by J. P. E. Hartmann, Niels W. Gade, Henrik Rung and H. S. Løvenskiold. Everyone contributed through their noses.

Incident would have Bournonville very close to the events of the war. He was in Schleswig when the people of Schleswig-Holstein attempted to take the fortress of Frederiksstad – the last cramp of the Three-Years-War. He rushed along, found a third of the town in embers of fire, a civil population apparently undaunted by the horrors, and the already legendary colonel, Hans Helgesen. What warriors – "whoever would not do his all for them?" a rapt Bournonville sighed, and when the Borough of Copenhagen a few months later prepared to welcome back its garnisons, Bournonville suggested no less than a Valhalla feast to reward the victorious soldiers – a drinking bout for these giants and Odin. Not even Oehlenschläger who had passed away in the meantime, could have excelled this idea.

In a mere three days the Riding School of Christiansborg had to be transformed into a martial banqueting hall – and that in January when no beech boughs were available to disguise the improvisation. Edward Lehmann, the theatre-painter, sketched out the interior, every inch of wall and balustrade was decked with armour and two sculptors used iron bars, straw, shirting and plaster to conjure up a giant statue of *Denmark, Handing the Garland to her Gallant Defenders*. Thus the frame was provided for no less than thirteen banquets and 15.000 bottles of liquor – one for each man.

It has been said about the eloquent Orla Lehmann that he "turned those golden shapely cups from which Danishness these days drank the strength of words". It could with equal right be said of August Bournonville that he became the organizer and director of festivity connected with the constitution and the Three-Years-War, and that, as such, he bears comparison with J. L. David, the painter, who did not stop at the epoch-making events of the French Revolution – *The Constitutional Oath in the Jeu de Pommes* etc. – but helped arrange the revolutionary feasts, created the scenery for them, and in the printed programmes directed the spontaneous responses of the public, motivating everybody to shed a silent tear at the "procession of the old men" and light up in smiles at "the procession of the children". Bournonville did not take it quite so far. Unlike David he needed not provoke moods but found it sufficient to channel already existing emotions. And contrarily to the fanatic Jacobin, Bournonville was a half-hearted Danish revolutionary, still more national than liberal. The frequent committee meetings with the "newly introduced parliamentary order" did not appeal to him. He attempted harmony in art as well as in life and fell ill at ease when anybody was "unpleasant" and less than happy when he presented his ballet students in Kongens Have "in the *open air* before an audience of several thousands! At a maturer age such a performance would have offended their ideas of the respectability of their art and the stage."

He was the ballet master who thrived and did not thrive during *l'ancien regime*, enjoying its freedom in the arts but suffering, too, from its arbitrariness and disfavour. He was drawn towards "the people" – crowding the stage with Neapolitan proletarians, felt remarkably elevated by "the universal spirit", and when the peasants in Kongens Have called his ballet students "God's little angels", he simply melted and was convinced that festivals arranged *for* could never compete with the festivals arranged *by* the people. But like the sculptor of Poul Martin Møller's poem *The Artist among the Rebels* he essentially saw the relationship between art and reality as an insoluble conflict. August Bournonville, the aesthetic, remained conser-

127

vative while the Copenhagener of that name marched along with his fellow citizens.

The Three-Years-War meant a giant step left for Danish society at large. The national-liberal, academic, elitarian party had passed a constitution exceeding every democratic hope: for who could have refused the heroes, those bearded, ruddy soldiers, the right to vote? Bournonville swung to the left, too – and held his course. When the fifth anniversary of the constitution was to be marked, in 1854, by an especially gorgeous celebration in Copenhagen, he offered his services again.

But the strict code of war no longer existed. Could the constitution survive at all? The conservative government headed by A. S. Ørsted was faced with the task of normalizing relations between Denmark and the duchies as prescribed by the Great Powers, Prussia, Russia and Austria. Having smothered its own revolutions in blood, reactionary Europe loomed like a cloud of thunder in the background. Anything could be expected from A. S. Ørsted – down to a coup. Under these circumstances any celebration of the constitution would look like a demonstration.

Bournonville's family was worried and asked him to abstain. But he didn't. Was he driven by his indomitable courage or a lack of political instinct? Later he admitted that his heart sank when he turned up for the appointed committee meeting which half the members had chosen to ignore, and he was not quite sure what to make of the presence of I. A. Hansen. The sometime shoemaker of Rudkøbing, carrying on like a radical tribune, could hardly be considered suitable company.

A pretext was fabricated to be received in audience by Frederik the 7th at Frederiksborg without the consent of the ministry. The jovial majesty, true to habit, was all benevolence, promised the idea of the grand celebration of the constitution his support, – and fled in fear when they asked him to be present. "I always spend that day alone with my Lord and my wife", he replied cryptically.

A Copenhagen merchant attacked Bournonville personally: what was the point of celebrating a constitution which was as good as dead? A request to the army for a band was turned down. Well-known poets were in vain approached for a cantata. Everybody seemed to turn their backs on the constitution – both the government itself and those who merely feared or hated the government. Amidst all this embarrassment Bournonville found, however, in I. A. Hansen a man of strength and a loyal friend whose bourgeois army of Copenhagen artisans did not fail him. Thousands of them flocked to the plains of the Eremitage lest there be riots in the city during the celebration. Everyone gathered round an enormous column topped by a colossal bust of Frederik the 7th. Not that he deserved it, but as a symbol he was unavoidable. A cantata *had* been provided by a comparatively unknown vicar, and two bands of civil guards delivered the music. At the last moment a scheduled fireworks was cancelled by the police who claimed that it might frighten the deer. But at one end of the festival grounds an orchestra was playing national tunes while at the other people were polkaing. An excellent celebration of the constitution was had by all and sundry.

There is an almost touching element in Bournonville's political career which took him from a non-committal national ecstacy during the war to a close collaboration with the radical I. A. Hansen, and it was admirable how he fulfilled his promise in 1854, whether he had given it willingly or by mistake. But he did not stop there. Shortly after the controversial celebration he was summoned to Vienna to stage one of his ballets, but he was tipped off that his flirtation with left wing politicians was not going to make things easy for him there. It was only a few years since the imperial government had pulled the wreck of the crumbling monarchy through on the slogan that "Gegen Demokraten helfen nur Soldaten", and no tolerance was shown.

So Bournonville called on the Austrian envoy in Copenhagen, doing his utmost to please. He presented a picture of himself as a somewhat muddle-headed *maitre de plaisirs*, totally innocent – a "political nonentity". His walk to Canossa worked. He did go to Vienna, and in a further perspective he had, in fact, done with politics. The aesthete had defeated the citizen.

In 1859 – the bicentenary of the unsuccessful Swedish assault on Copenhagen – he organized a public festival which could offend no-one but the squeamish Swedes, and then years later, when crownprince Frederik – later king Frederik the 8th – brought home his spouse Lovisa from Stockholm, yet another municipal feast in Kongens Have. This was set in Danish-Swedish decor with busts of prominent Scandinavians, gas-fire illumination, a giant statue by H. V. Bissen and music composed by Bournonville's old collaborator, H. C. Lumbye. But the Danish climate let the organizers down. The rain was pouring down, every other torch was extinguished, Lumbye's musicians could extract nothing but strange, gurgling sounds from their horns, and the royalty wandered completely soaked through the downpour. Only the fireworks at the end produced the desired effect.

Bournonville, however, was quite pleased. If the feast had been a failure, only the weather could be blamed. The royal family, though, had played their parts admirably. As a man of the theatre Bournonville must appreciate their performance. He simply relished it – their dignified, yet casual sauntering, their exclamations of recognition, their at once reserved yet effortless conversation with this and that one – during a regular cloud-burst!

From his mature years as a liberal, old age swung him to the right, and there was nothing strange in this. Nearly all the national-liberals took the same course. As a youth Bournonville had dreamed of vikings and the middle ages, heroes and great deeds. The old man was content to look back wistfully at his youth during the reign of Frederik the 6th and rejoice at the way the *style* survived. The artist among the rebels re-discovered his ego intact in the aesthetics when the upheaval subsided into disappointing "materialism".

List of illustrations:
Page 75   Edvard Lehmann: From "The Market in Rosenborg Gardens in aid of the afflicted Jutlanders" 16–17–18th August, 1849. Water colour. Measurements of the original: 5 × 4 cm. Private collection. – This is one of eight water colour prospects from this festivity. The artist stapled them together into a tiny booklet "Drawing Book for Dools" with which he presented Augusta Bournonville.
Page 77   C. W. Eckersberg: Thorvaldsen's arrival at Copenhagen's harbour, 17th Sept., 1838. 1839. Thorvaldsen's Museum.
Page 79   David Monies: Episode from the processional entry of the soldiers into Copenhagen, 1st Sept. 1849, outside the gates of Holy Ghost Church, 1850. The Museum of National History at Frederiksborg.
Page 81   The celebration at the Riding School for the surviving soldiers. Copenhagen Municipal Museum.

Udvalgt litteratur – Selected Bibliography

August Bournonville: Mit Theaterliv. I–III. Kbh. 1847, 1865, 1877.

August Bournonville: My Theatre Life.Translated by Patricia McAndrew. Weslyan University Press. 1979.

August Bournonville: Mit Theaterliv. Erindringer og tidsbilleder. I–II. Redigeret af Niels Birger Wamberg. Kbh. 1979.

August Bournonville: Det kongelige Theater som det er. Kbh. 1849.

August Bournonville: Efterladte Skrifter. Udg. af Charlotte Bournonville. Kbh. 1891.

August Bournonville: Lettres à la maison de son enfance. Ved Nils Schiørring og Svend Kragh-Jacobsen. I–III. Kbh. 1969–78.

H. C. Andersens dagbøger. I–XII. Udg. under ledelse af Kåre Olsen og H. Topsøe-Jensen. Kbh. 1971–77.

Hans Beck: Fra Livet og Dansen. Kbh. 1944.

Charlotte Bournonville: Erindringer fra Hjemmet og Scenen. Kbh. 1903.

August Bournonville. Spredte Minder i Anledning af Hundredaarsdagen. Samlede og udgivne af Charlotte Bournonville. Kbh. 1905.

Breve og Aktstykker vedrørende Johan Ludvig Heiberg. I–V. Ved Morten Borup. Kbh. 1950.

Erik Aschengreen: The Beautiful Danger. Dance Perspectives 58. New York 1974.

Erik Aschengreen: Farlige Sylfider. Kbh. 1975.

Erik Aschengreen: Ballettens Digter. Kbh. 1977.

Edvard Brandes: Dansk Skuespilkunst. Kbh. 1880.

Erik Bruhn and Lillian Moore: Bournonville and Ballet Technique. London 1961.

Erik Bruhn: Beyond Technique. Dance Perspectives 36. New York 1968.

Dan Fog: The Royal Danish Ballet 1760–1958 and August Bournonville. Kbh. 1961.

Allan Fridericia: Bournonville ballet Napoli. Theatre Research Studies II 1972.

Allan Fridericia: August Bournonville. Balletmesteren, som genspejlede et århundredes idealer og konflikter. Kbh. 1979.

Svend Kragh-Jacobsen og Torben Krogh: Den kongelige danske Ballet. Kbh. u. å. (1951).

Klaus Neiiendam: Bournonville på scenen set gennem Edv. Lehmanns streg. Kbh. (Teatermuseet) 1979.

Robert Neiiendam: Lucile Grahn. Kbh. 1963.

Nils Schiørring: Bournonville and the Music to his Ballets. Theatre Research Studies II, 1972.

Nils Schiørring: Musikkens historie i Danmark. I–III. Kbh. 1978.

Walter Terry: The Kings Balletmaster. New York 1979.

Viben Bech og Ellen Andersen: Kostumer og modedragter fra Det kgl. Teaters herregarderobe. Kbh. 1979.

Fotografer:

RIGMOR MYDTSKOV og JOHN R. JOHNSEN
samt
ANTONY CRICKMAY
DET NATIONALHISTORISKE MUSEUM PÅ FREDERIKSBORG
NASJONALGALERIET, OSLO
ERIK PETERSEN
HANS PETERSEN, JØRGEN WATZ
ROSEMARY WINCHLEY og
OLE WOLDBYE

SALUT FOR BOURNONVILLE
© Statens Museum for Kunst 1979
Bogen er sat med fotosats California
og trykt i Krohns Bogtrykkeri
på papir: Klipp Cote
Reproarbejdet er udført af
Bernhard Middelboes Reproduktionsanstalt
og Akademisk Bogbinderi
stod for bogbinderarbejdet

ISBN 87-7551-042-1